Perfekte

Formulierungen für deine Preisverhandlungen

Wie Rabatte dein Geschäft ruinieren und wie du WERThaltig mehr verkaufst mit mehr Profit.

Werner F. Hahn
Verkaufstrainer + Fachbuchautor

© 2017 Werner F. Hahn
Rel. 01-01.03.2017
Herstellung und Verlag: BoD - Books on Demand, Norderstedt
ISBN: 978-3-7431-7355-2

Bibliografische Information der Deutschen Nationalbibliothek: Die Deutsche Nationalbibliothek verzeichnet diese Publikation in der Deutschen Nationalbiografie; detaillierte bibliografische Informationen sind im Internet über http://dnb.-nb.de abrufbar.

Herausgeber: Werner F. Hahn GmbH, Willy-Brandt-Platz 6, 55122 Mainz

Umschlaggestaltung: Gregor Zawadzki www.ingenium-design.de

Cartoons: Markus Blatz rotten-vegetable@gmx.de

WORD-Beratung: Marina D'Avis info@davis-grafik.de

Im Folgenden ist der Einfachheit immer vom „Verkäufer" die Rede, denn die ständige Unterteilung in „der Verkäufer/die Verkäuferin" stört den Lesefluss erheblich. Seid mir bitte nicht gram, liebe Leserinnen, ich kann gar nicht frauenfeindlich sein, denn ich halte die Frauen sowieso für die besseren Vertriebsprofis.

Wissenschaftliche Untersuchungen sind zu dem Ergebnis gekommen, dass die „Du"-Ansprache der direktere Weg zum Unterbewusstsein ist. Du bist ja sicher daran interessiert, einen größtmöglichen Nutzen aus diesem Buch zu ziehen. Deswegen habe ich die respektvolle „Du"-Ansprache gewählt. Solltest du weiterhin das „Sie" bevorzugen, dann stell dir bei jedem „Du" einfach vor, dass du mit „Sie" angesprochen wirst.

Dieses Buch ist urheberrechtlich geschützt. Teile dieses Buches dürfen jedoch gerne reproduziert oder unter Verwendung elektronischer Systeme gespeichert, verarbeitet, vervielfältigt oder verbreitet werden, immer mit dem Hinweis:

© Werner F. Hahn, www.wernerhahn.de

Inhaltsverzeichnis

Vorwort: Vier Gründe, warum Preisdrücker dein Geschäft vernichten

Kapitel #1:	Warum Perfekte Formulierungen	12
Kapitel #2:	Was du sagst	14
Kapitel #3:	Wie du es sagst	15
Kapitel #4:	Was du hörst	17
Kapitel #5:	Die Bedeutung eines Gesprächs-/ Telefonleitfadens	19
Kapitel #6:	Sechs Gründe für einen Gesprächs-/ Telefonleitfaden	24
Kapitel #7:	Das Märchen vom Gewinn	32
Kapitel #8:	Der Anfang vom Ende: Rabatte, Boni etc.	35
Kapitel #9:	Welche Rabatt-Signale sendest du aus?	38
Kapitel #10:	Acht Fragen die du dir stellen solltest, sobald du an Rabatt denkst	40
Kapitel #11:	Was Rabatte wirklich kosten	43
Kapitel #12:	Wie Rabatte deinen Gewinn schmälern	48
Kapitel #13:	So viel Mehrumsatz müssen deine Rabatte bringen	49
Kapitel #14:	Die unverstandene Rolle des Preises	50
Kapitel #15:	Sie sparen die Mehrwertsteuer von 19 %	52
Kapitel #16:	Rabattierte Preise bringen dir rabattierte Kunden	55
Kapitel #17:	Probleme beim Abschluss? Rabatte helfen dir nicht weiter	57
Kapitel #18:	Ein einfacher Weg um Rabatte zu vermeiden	60
Kapitel #19:	Warum der Preis kein direkter Kaufgrund ist	63
Kapitel #20:	Deine Weichmacher im Preisgespräch	69
Kapitel #21:	Woran erkennen Interessenten und Kunden die Preisangst des Verkäufers?	79

Kapitel #22:	Wodurch strahlen Verkäufer Sicherheit im Preisgespräch aus?	74
Kapitel #23:	Wie entschärfst du Preisverhandlungen bereits im Vorfeld?	75
Kapitel #24:	„Mach den Auftrag!"	76
Kapitel #25:	Wann ist der richtige Zeitpunkt für eine Preisanpassung?	81
Kapitel #26:	Ist dein genannter Preis wirklich dein endgültiger Preis?	86
Kapitel #27:	Jetzt heben wir den Preis an	89
Kapitel #28:	Zwei revolutionäre Ideen:	94
Kapitel #29:	Acht Gründe, warum das Verkaufen über den Preis nicht funktioniert	100
Kapitel #30:	Glaubst du an deinen Preis? Deine Augen verraten es.	102
Kapitel #31:	Einwandbehandlung	104
	• Einwand #1: Keine Zeit	108
	• Einwand #2: Wir haben einen Lieferanten	109
	• Einwand #3: Wir sind zufrieden mit unserer Lösung	111
	• Einwand #4: Wir haben kein Interesse	113
	• Einwand #5: Sie sind zu teuer!	114
	• Einwand #6: Sie sind zu teuer – acht Techniken, die immer funktionieren	120
	• Einwand #7: Was können Sie am Preis noch machen?	124
	• Einwand #8: Was können Sie am Preis noch machen? Sag einfach: „NEIN!"	129

- Einwand #9: Was kostet das denn? 134
- Einwand #10: Das gibt es beim Discounter/ Großhändler € 300 günstiger 135
- Einwand #11: Wie du die Investition mit deiner Gewinnspanne begründest 137
- Einwand #12: Wir haben kein Geld dafür 139
- Einwand #13: Wir haben bessere Angebote von der Konkurrenz vorliegen 141
- Einwand #14: Schicken Sie uns vorab Unterlagen 145
- Einwand #15: Warum soll ich bei Ihnen kaufen? 147
- Einwand #16: Wir warten noch auf drei weitere Angebote 148
- Einwand #17: Ihr Angebot ist in der engeren Wahl 150
- Einwand #18: Wir haben die Entscheidung verschoben 158
- Einwand #19: Den Preis mit der Gewinnspanne argumentieren 160
- Einwand #20: *„Sie müssen mir schon 20% Rabatt geben, wenn Sie den Auftrag wollen!"* Bluff oder Wahrheit? 164

Kapitel #32: Die 10 No-Go's in der Preisverhandlung 169
Kapitel #33: Warum hast du den Auftrag verloren? Ehrlich? 172
Kapitel #34: Werner F. Hahn 178
Kapitel #35: Sales vitamins - frische Vitamine für besseres Verkaufen 183

Kapitel #36:	Podcast to go	184
Kapitel #37:	Folgende 14 Fachbücher hat Werner F. Hahn veröffentlicht	186
Kapitel #38:	Spezielle offene Trainingsangebote	187
Kapitel #39:	Danke!	189
Kapitel #40:	Literatur- und Quellenverzeichnis	191
Kapitel #41:	Haftungsausschluss	192

Denk immer daran:

Wenn du einmal keine Gewinne mehr machst, kannst du früher oder später deine Kunden nicht mehr unterstützen.

Damit lässt du Menschen im Stich, die dir vertrauensvoll Aufträge gegeben haben.

Auf deine Gewinne nicht zu achten heißt, deine Kunden zu betrügen.

Vier Gründe, warum Preisdrücker dein Geschäft vernichten

14% aller Einkäufer sind reine Preis-Einkäufer

Bei 86% aller Einkäufer spielt der Preis *eine* Rolle, aber nicht *die* Rolle!

Mit dem Preisdrücker wirst du in Zukunft kein Geld verdienen, egal wie du im Moment darüber nachdenkst. Hier gebe ich dir vier Gründe.

Grund #1: Ein Kunde, der von dir einen reduzierten Preis haben will, wird später die ganze Zeit im Verkaufsprozess immer wieder weitere Forderungen stellen.

Preisdrücker denken, dass sie die Produkte immer irgendwo billiger bekommen und sie spannen die Verkäufer so für sich ein, dass es immer etwas zu tun gibt. Diese Kunden/Interessenten machen nur eins: sie fressen deine werthaltige Zeit auf und du lebst von der Hoffnung auf einen Auftrag (der nie kommen wird!).

Grund #2: Hast du einem Kunden einen niedrigeren Preis angeboten, so wird er es allen anderen gerne erzählen. Für dich bedeutet das, dass alle anderen jetzt von dir den gleichen Preis verlangen oder sogar einen noch günstigeren Preis.

Das trifft natürlich alle deine normal zahlenden Kunden besonders hart. Was glaubst du, wie sie sich fühlen?

Grund #3: Einen Preisnachlass zu geben ist wie eine Droge – ein Zugeständnis folgt dem nächsten Zugeständnis. Es fällt dir schwer, zu widerstehen. Hast du einmal den Preisnachlass gegeben, wirst du im nächsten Gespräch wieder einen Nachlass geben müssen und so fort.

Deine ganze Zuversicht in den Preis geht langsam verloren. Du glaubst, dass du nur noch Aufträge hereinholen kannst, wenn du den Preis reduzierst.

Grund #4: Der letzte Grund, warum die Preisdrücker dein Geschäft ruinieren liegt darin begründet, dass sie keinen Nutzen mit deinen Produkten und Dienstleistungen erkennen. Und der Beziehungsaufbau für sie völlig uninteressant ist.

Kunden, die deinen angebotenen Preis bezahlen, haben den WERThaltigen Nutzen erkannt. Nur mit diesen Kunden wirst du dein Geschäft langfristig aufbauen können.

Drehst du an der Preisschraube nach unten, bedeutet das: du reduzierst deinen Profit und zerstörst die Kundenbeziehung.

Es ist ganz einfach: Wenn du an einem kurzfristigen Geschäft interessiert bist, dann geh jetzt raus und reduziere deinen Preis.

Andererseits baust du mit dem richtigen Preis-Standing langfristig ein profitables Geschäft auf, das dir zu wachsendem Wohlstand verhilft.

Kapitel #1: Warum Perfekte Formulierungen?

Nachdem ich mich als Verkaufstrainer selbständig gemacht hatte, rief ich vier Wochen nach dem Training den einen oder anderen Teilnehmer an und fragte nach seinen Erfolgen. *„Werner, deine Trainings sind Spitze, doch hier draußen sieht die Welt wieder anders aus"*, so der Kommentar einiger Teilnehmer. Daraufhin habe ich schnell reagiert und direkt geantwortet: *„Okay, dann gehe ich jetzt einen Tag mit dir mit und du bekommst von mir ein Training on the job."*

Bei diesem Training on the job habe ich festgestellt, dass der überwiegende Teil der Verkäufer die erlernten Techniken aus dem Verkaufstraining überhaupt nicht umgesetzt hatten. Dieses *„Umsetzen"* funktionierte erst, als ich im Kunden- und Interessentengespräch direkt dabei war. *„Wenn du nicht dabei gewesen wärst, hätte ich das nie so gesagt"*, war der Kommentar, den ich sehr häufig hörte.

Meine Erkenntnis daraus:

- nur wenige Menschen sind überhaupt willens, ihre Komfortzone zu verlassen und etwas anderes auszuprobieren,
- im Tagesgeschäft haben sich Redewendungen eingeschlichen wie zum Beispiel negative Aussagen, viel zu viele geschlossene Fragen und alles gespickt mit Weichmachern – die Verkäufer merken nicht WAS und WIE sie es sagen,
- Verkäufer sind ganz schlecht vorbereitet auf die Aussagen ihrer Gesprächspartner.

Jeden Dienstagmorgen erscheint ja mein *„sales vitamins – frische Vitamine für besseres Verkaufen"* und geht mittlerweile an über 5.000 Verkäufer, Inhaber, Geschäftsführer. Aufgrund der dort aufgeführten klaren Handlungsanweisungen schreiben mir viele Führungskräfte und erbitten Vorschläge für die unterschiedlichen Gesprächssituationen. Das muss man sich auf der Zunge zergehen lassen: sie waren (angeblich) selber sehr erfolgreich im Verkauf und sie suchen heute in ihrer Eigenschaft als Führungskraft nach positiven und zielorientierten Formulierungen im Vertrieb. Biete ich ihnen bestimmte Lösungen an, so lassen sie diese umgehend von ihren Verkäufern einsetzen – und das mit großem Erfolg.

Einige Führungskräfte und auch Trainer vermitteln den Verkäufern, aggressive Wörter zu verwenden. Das sind die Personen, die lange Jahre im Finanzvertreib gearbeitet haben und es ihnen nur um die Aufträge geht. Das bezeichnet man als *„Hardselling."* Partnerschaftliche Zusammenarbeit? Fehlanzeige! Je aggressiver deine Worte, umso schneller ist das Gespräch beendet und du wirst auf unfreundliche Art hinauskomplimentiert.

Gerade in sensitiven Verkaufs-Situationen bauen viele Verkäufer eine Kommunikation auf, die zwischen passiv und aggressiv angesiedelt ist. Sie haben es nicht gelernt, perfekte Formulierungen einzusetzen: klar, direkt und respektvoll gegenüber dem Gesprächspartner. Eine passive Kommunikation ist ineffektiv und die aggressive Kommunikation führt zur Ablehnung.

Insofern ist es wichtig, dass du dich intensiv auf die Gespräche vorbereitest und lernst, was eine zielorientierte und positive Sprache für dich überhaupt bedeutet und wie du schneller zu deinem Auftrag kommst.

Kapitel #2: Was du sagst

Das Ziel von *Perfekte Formulierungen* ist, dir entsprechende Techniken und Sätze mit auf den Weg zu geben für erfolgreiche Preisverhandlungen. Wenn du diese perfekten Formulierungen gelernt hast (als Verkäufer bist du ein lebenslanger Student), erkennen deine Gesprächspartner deine Kompetenzen:

- du kennst deine Produkte und Dienstleistungen,
- du kennst dich in der Branche bestens aus,
- du kennst dich bestens in der Welt deines Interessenten aus,
- du weißt wie wichtig aktives Zuhören ist,
- du erkennst die Wünsche, Träume und Bedürfnisse deiner Gesprächspartner,
- du weißt, wie du eine WERThaltige Nutzenargumentation aufbaust,
- du weißt, dass Rabatte der Beginn der Todesspirale sind,
- du kennst die besten Antworten auf die Einwände deines Gesprächspartners,
- du weißt, dass die zwei wichtigsten Punkte im Verkauf Glaubwürdigkeit und Vertrauen sind.

Hier noch einige weitere Punkte für dich:

- Dein Gesprächspartner wird sich selten daran erinnern, was du konkret gesagt hast. Er wird sich immer an das Gefühl erinnern, das du aufgebaut hast.
- Vermeide Behauptungen, sie neigen zum Widerspruch.

Kapitel #3: Wie du es sagst

Achte intensiv auf deinen Sprechstil. Es geht zum einen darum, WAS du konkret sagst und andererseits darum, WIE du es sagst. Vielleicht wirst du jetzt sagen: *„Okay, dafür habe ich doch Perfekte Formulierungen."* Was nutzen dir die perfekten Formulierungen, wenn du dich demotiviert, ungeduldig oder sogar herablassend anhörst?

Achte auf deine Stimme. Tiefe Stimmen deuten auf eine seriöse Person, hohe Stimmen deuten auf Unsicherheit, wenig Selbstbewusstsein hin. Bring die richtige Modulation in dein Gespräch mit ein. Frauen haben automatisch einen gewissen *„Sing-Sang"* in der Stimme. An deiner Stimme und deiner Körpersprache erkennt dein Gesprächspartner deine Begeisterung – *„In dir muss brennen, was du in anderen entzünden willst"* so Aurelius Augustinus.

Wenn du sprichst, achte auf deine Sprech-Geschwindigkeit. Schnellsprecher werden als unehrliche Personen wahrgenommen. Selbst wenn du in deinem Bereich als ein sorgfältiger Verkäufer wahrgenommen wirst, werden dich einige Interessenten ablehnen weil sie sich genervt fühlen und kein Vertrauen aufgebaut wird. Gerade wenn du sensible und komplexe Produkte verkaufst, solltest du verstärkt auf deine Sprech-geschwindigkeit achten.

Einer der wichtigsten Punkte ist allerdings deine *positive JA!-Einstellung im Verkauf*. Hier geht es um deine Glaubwürdigkeit und wie du hinter deinen Produkten und deinen Dienstleistungen stehst. Wie begeistert bist du?

Identifizierst du dich mit den vier Glaubenssätzen:

- Ich glaube an mich.
- Ich glaube an das Unternehmen.
- Ich glaube an die Produkte und Dienstleistungen.
- Ich glaube, dass mit meinen Produkten und Dienstleistungen meine Interessenten einen WERThaltigen Nutzen erreichen.

Der geringste Zweifel daran äußert sich in deiner Stimme und in deiner Körpersprache. Verkaufst du etwas, was dich selbst wenig interessiert, wie willst du Begeisterung vermitteln? Verkaufen hat viel zu tun mit der Übertragung deiner Begeisterung.

Eine positive JA!-Einstellung kommt immer von innen.
Es hat nichts damit zu tun, was dir widerfährt.
Es hat damit zu tun, wie du auf das reagierst, was dir widerfährt.

Kapitel #4: Was du hörst

Was du hörst, ist genauso wichtig wie das was du sagst. Gerade im Verkaufsgespräch ist das so wichtig. Deswegen haben wir auch zwei Ohren und einen Mund. Beim Zuhören, bzw. beim aktiven Hinhören geht es auch darum, den Ton zwischen den Zeilen zu erkennen. Nur wenn du aktiv hinhörst, bekommst du die wichtigen Informationen, ihre Wünsche, Träume, ihre Bedürfnisse – ausgesprochen oder unausgesprochen. Deine Aufgabe ist es in dieser Situation, mit tiefergehenden Fragen auf den Kernpunkt zu kommen. Das dient zusätzlich dem Aufbau einer partnerschaftlichen Beziehung. Hier gebe ich dir noch einige Tipps:

- Einer der größten Verkäuferfehler: Sie reden zu viel.
- Du lernst mehr über deinen Gesprächspartner, wenn du zuhörst.
- Sprichst du, hörst du keine Einwände.
- Nur wenige Verkäufer erkennen die Kaufsignale Ihres Gesprächspartners.
- Glaub nicht daran, dass dein Gesprächspartner nur dann viel versteht, wenn du schnell sprichst.
- Stellst du eine Frage, dann stell beide Ohren auf Empfang.
- Ermuntere deinen Gesprächspartner, dass er mehr über sich und sein Unternehmen erzählt.
- Stell Rückfragen um sicher zu sein, dass du alles verstanden hast.

Nur 30% der Kunden nennen den wahren Grund ihrer Ablehnung. 70% der Kunden begründen ihre Ablehnung mit scheinrationalen Argumenten (zu teuer, keine Zeit, andere Prioritäten, Investitionsstop).

Der wahre Grund kommt fast immer aus dem emotionalen Bereich:

- Fehlende Wellenlänge, "Nasenfaktor" stimmt nicht,
- emotionale Bindungen zu Wettbewerbsverkäufer,
- kein Vertrauen zum Verkäufer,
- Entscheidung ist zu unbequem, zu aufwändig, zu unsicher.

Kapitel #5: Die Bedeutung eines Gesprächs-/Telefonleitfadens

Gerne erinnere mich noch an meine Zeit als Vertriebs-Assistent. Ich saß an meinem Schreibtisch, starrte auf den Stapel von Interessentendaten mit einem flauen Gefühl im Magen. Das „auf die lange Bank schieben" nutzte auch nichts, denn irgendwann habe ich den Hörer in die Hand genommen, die Nummer gewählt und zog eine fürchterliche Grimasse, als die Palastwache (Telefonzentrale, Sekretariat etc.) nachfragte: „Wer sind Sie?" „Von welchem Unternehmen?" „Weiß er, weswegen Sie anrufen?" „Hatten Sie schon Kontakt zu ihm?" „Es ist besser, Sie schicken vorab eine Mail an die Adresse info@musterfirma.de!"

Diese unbequemen Fragen der Palastwache brachten mich ja nicht unbedingt aus meinem Konzept, aber zwangsläufig fragte ich mich schon, warum ich ausgerechnet im Verkauf gelandet war. Es war allerdings der erste Anruf des Tages und bis zum Wochenende musste ich noch hunderte solcher Anrufe tätigen. Der Gedanke daran führte wieder zu diesem flauen Gefühl im Magen.

Es vergingen einige Tage und ich fing schon an, diese Tätigkeit zu hassen und fand tausende von Gründen, warum dass alles bei mir nicht funktionieren konnte. Kurze Zeit später traf ich einen Verkaufstrainer – und danach war alles anders. Ich denke immer noch daran, wie er aus seiner Tasche einen Hefter zog gefüllt mit Telefonleitfäden für die unterschiedlichsten Aktivitäten am Telefon. Er war der Meinung, dass es für meinen kontinuierlichen Erfolg nur einen Weg gäbe: nämlich einem erprobten System und einem wirkungsvollen Verkaufsprozess zu folgen gestützt auf die bewährten Telefonleitfäden.

Er erläuterte, dass ein solches Telefonleitfaden überlebenswichtig sei, um Kaltanrufe zu tätigen, Termine am Telefon zu vereinbaren, Nachfass-Telefonate zu führen und am Telefon zu verkaufen.

Telefonleitfaden? Soll das ein Witz sein? Ich will doch nicht wirken wie jemand aus dem Callcenter!

Das war meine erste Reaktion, als er über Telefonleitfaden sprach. Sicher bekommst du auch jeden Tag Anrufe von unterschiedlichen Firmen, mal geht es um ein Zeitungs-Abo, dann geht es um Wein aus Frankreich oder um eine spezielle „völlig sichere" Lehmann-Geldanlage und das letzte, was ich wollte war, so am Telefon zu klingen, wie diese Telefonverkäufer.

Dann sagte der Trainer etwas, was wirklich Sinn machte. Wenn du genau darüber nachdenkst, arbeitet doch jeder Erfolgreiche mit einem Script oder er hat eine sorgfältig schriftlich zugelegte Routine. Das kann ein sehr erfolgreicher Sportler sein, der nach einem Script seine Übungen absolviert und neue Techniken einstudiert. Oder es geht um die Tänzer, die ebenfalls nach einem Script neue Tanzübungen einstudieren.

Was diese Profis so erfolgreich macht ist doch die Tatsache, dass sie die Übungen immer wieder einstudieren – nicht einmal, nicht zehnmal, hunderte Male. Und bei Ihrer Präsentation laufen sie fehlerfrei zur Hochform auf.

Ein Script für die Sportler - das machte für mich Sinn. Aber das aufzuschreiben, was ich am Telefon sagen wollte? Das ist doch ganz schön happig! Und dann sprach er von den Schauspielern, die Millionen von Euro für Ihren Auftritt in einem Film bekommen.

Sie stellen sich ja auch nicht auf die Bühne oder vor die Kamera und schwatzen munter drauf los, oder? Niemals! Jedes Wort wurde vorher aufgeschrieben und von dem Schauspieler so lange wiederholt, bis es sich natürlich, glaubhaft und herzlich angehört hat.

Statt durch den Text zu stolpern, konzentrieren sich diese hoch bezahlten Profis auf die exakte Sprechgeschwindigkeit, ihr Stimmvolumen, ihre Modulation und ihren Ton in der Stimme.

Ich war ja immer noch skeptisch und fühlte mich unwohl dabei, mein gesamtes Telefonat aufzuschreiben. Dann fragte mich der Trainer, ob ich zuletzt einen Film gesehen hätte, der mich emotional berührt hat. Ich nickte zustimmend mit dem Kopf. „Hast du denn bemerkt, dass die Schauspielerin nichts anderes gemacht hat, als das zu sagen, was Zeile für Zeile im Script steht und du hast dich auch noch wohl dabei gefühlt?" fragte er mich.

Erinnerst du dich an die letzte Sportschau? Wie viele Zettel hielt der Moderator in der Hand? Oder bei den Heute-Nachrichten, oder Tagesschau im Fernsehen. Die Textblätter (= Script) liegen alle auf dem Tisch und zusätzlich erscheint der Text auf dem Teleprompter zum Ablesen. So einfach ist das für den Moderator, wenn er mit einem Script arbeitet.

Der Moderator entscheidet nicht situativ was er sagt, sondern der gesamte Text wurde notiert und mehrfach einstudiert. Stefan Raab sagte im Zusammenhang mit dem Song Contest 2011 in Düsseldorf in einem Interview: *„Hier wird ja auch alles gescriptet."*

Als Christian Wulf zum Bundespräsidenten vereidigt wurde, hatte er auch ein Script vorliegen. Er hatte den Text abgelesen – okay, er hatte sich verlesen und musste wieder von vorn beginnen.

Bist du im Verkauf eher in der Opfer-Rolle oder in der Schöpfer-Rolle?

Opfer-Rolle:

„Ich wollte mal fragen, ob mein Angebot schon bei Ihnen eingetroffen ist."

Schöpfer-Rolle:

„Mein Angebot liegt ihnen ja vor – welche konkreten Fragen haben Sie dazu?"

„Was sind die nächsten konkreten Schritte?"

Das wird dir ja nicht passieren, da du dich ja mit diesem Buch viel besser vorbereitet bist.

Dann erklärte mir der Trainer, dass mindestens 70 Prozent (manche sprechen von 90 Prozent) des Verkaufsgesprächs nichts anderes ist als die Übermittlung von Überzeugung und Begeisterung. Und der beste Weg um dies zu erreichen, ist die Konzentration auf die korrekte Informationsvermittlung als permanent darüber nachzudenken, was ich als nächstes sagen will.

Damit hatte er meine volle Aufmerksamkeit. Nach dem Gespräch mit dem Trainer war ich soweit, meine eigenen Telefonleitfäden zu schreiben. Das war eine meiner besten Entscheidungen. Meine Umsätze und Provisionen schnellten in die Höhe. Mit dem Einsatz eines Telefonleitfadens konnte ich innerhalb von neun Monaten meinen Platz von den hinteren Rängen verlassen und gehörte nun zu den Topp-20%-Profis.

Heute – nach 22 Jahren Selbständigkeit als Verkaufstrainer – schreibe ich für meine Akquisitionen immer einen Telefonleitfaden. Und das halte ich auch in meinen Trainings so. Es ist auch nicht das erste Script, das sofort erfolgreich bei den Interessenten ankommt. Ich muss meine Scripte verändern und anpassen, bis ich zu dem Ergebnis komme: jetzt sind sie optimal.

Mit diesen Telefonleitfäden erreichen die von mir trainierten Verkäufer einen erstklassigen Gesprächseinstieg, handeln völlig entspannt die Einwände ab, stellen qualifizierte Powerfragen, vereinbaren mehr Termine, machen mehr Verkaufsabschlüsse und steigen damit zu den Topp-20%-Profis in ihrem Unternehmen auf.

Kapitel #6: Sechs Gründe für einen Gesprächs-/Telefonleitfaden

Wenn du von einem Gesprächs-/Telefonleitfaden noch nicht so richtig überzeugt bist, gebe ich dir hier sechs weitere Gründe, die für einen Telefonleitfaden sprechen:

Nr. 1: Gesprächs-/Telefonleitfäden bringen Professionalität.

Wie oft hast du deinen Vertriebskollegen zugehört und festgestellt, dass sie rumgeschwafelt haben, nur weil sie keinen Telefonleitfaden benutzt haben? Hast du bemerkt, dass jedes Gespräch sich anders anhört und anders ist als das vorhergehende? Manchmal wunderst du dich, dass tatsächlich ein Interessent noch am anderen Ende der Leitung ist. Tatsache ist jedoch: je mehr du am Telefon rumschwafelst, umso weniger Kontrolle hast du über dein Gespräch, je weniger qualifizierst du und dann hörst du dich auch noch an wie ein Callcenter-Agent.

Wenn du mit einem 20 Prozent-Anteil zufrieden bist, dann kannst du auch gerne weiterhin improvisieren.

Willst du allerdings zu den Profis gehören und 80 Prozent des Umsatzes realisieren und somit fette Provisionen kassieren, dann wirst du dich nur professionell anhören, wenn du einen Telefonleitfaden benutzt. Wenn du das bis heute noch nicht gemacht hast, dann wird es jetzt Zeit.

Nr. 2: Bei der Benutzung eines Gesprächs-/Telefonleitfadens wirst du alle qualifizierenden Fragen stellen.

Wie oft ist es dir schon passiert, dass du nach dem Telefonat den Hörer aufgelegt und dann bemerkt hast, dass du die wichtigsten Fragen nicht gestellt hast wie zum Beispiel:

- Wie sieht der Entscheidungsprozess in Ihrem Unternehmen aus?

- Woher kommt exakt das Geld, das für dieses Projekt ausgegeben wird?

- Vom wem haben sie bisher gekauft?

- Bekommen sie von dem bisherigen Lieferanten eine bevorzugte Behandlung? Wenn ja, wie sieht diese aus?

- Nach welchen weiteren Lösungen suchen sie im Unternehmen?

- Sind sie jetzt kaufbereit und wollen Sie von dem Einsatz des Systems ab dem nächsten Monat bereits profitieren?

- Wie viele Verkäufer sind im Unternehmen beschäftigt? Wie viele sind im Außendienst und wie viele im Innendienst?

- Wie lösen Sie das heute und welche Wünsche haben Sie für die Zukunft?

Diese und viele andere wichtige Fragen werden in den Telefonaten einfach nicht gestellt und um dies zu vermeiden, ist der Einsatz eines Gesprächs-/Telefonleitfadens dringend erforderlich.

Deine Gesprächspartner werden vergessen, was du gesagt hast.

Deine Gesprächspartner werden vergessen, was du getan hast.

Deine Gesprächspartner werden niemals vergessen, welche guten Gefühle sie im Gespräch mit dir hatten.

Du bist mehr damit beschäftigt darüber nachzudenken, was du als nächstes sagen willst und die wichtigsten Fragen hast du in dieser Situation vergessen.

Ein weiteres Problem bekommst du, wenn du diese Interessenten ein zweites Mal zurückrufst. Jetzt bezahlst du den Preis dafür, dass du im Erst-Telefonat vergessen hast, diese wichtigen Fragen zu stellen. Wie oft hast du einen Interessenten angerufen und gehört: „Wir haben uns das angeschaut – sind aber nicht interessiert." Oder „Wir sind noch nicht soweit, vielleicht erst in sechs oder 10 Monaten – rufen Sie dann noch mal an." Oder „ich kann mir das nicht leisten. Ich habe nur ja zu den Informationen gesagt, weil Sie mir das angeboten hatten."

Frustrierend, nicht wahr? Bekommst du diese Antworten von deinen Interessenten, sobald du zurückrufst, dann weißt du, dass du gravierende Fehler im Erstgespräch gemacht hast. Du hast vergessen, die wichtigsten Fragen zu stellen und damit sabotierst du dich und deinen Abschluss.

Nr. 3: Gesprächs-/Telefonleitfäden machen deine Tätigkeit viel einfacher und entspannter.

Du kennst sicher 90 Prozent der Einwände, die deine Gesprächspartner immer wieder bringen. Du hörst diese Einwände so oft und manchmal hast du das Gefühl, dass sie ein Telefonleitfaden für Einwände benutzen. Warum bist du auf eine solche Situation so schlecht vorbereitet? Handelst du vorausschauend, dann kennst du die Einwände und dann solltest du auch professionell vorbereitet sein. Sobald du einen Einwand hörst, hast du sicher dieses flaue Gefühl im Magen.

Ist es da nicht besser, bestens vorbereitet zu sein, sich diese immer wiederkehrenden Einwände anzuhören und dann entspannt darauf zu antworten und dann den Abschluss zu erzielen?

Nur mit einem Telefonleitfaden ist das möglich. Bist du gut vorbereitet auf diese Tag für Tag immer wiederkehrenden Einwände, so macht das deinen Job nicht unbedingt einfacher aber dafür erfolgreicher. Denk mal darüber nach. Wenn du den Standard-Einwand hörst: „Der Preis ist zu hoch!" da ist es doch viel angenehmer zu sagen:

„Ah, ich verstehe. Lassen wir im Moment mal den Preis außen vor. Wenn der Preis besser zu Ihrem geplanten Investment passen würde, könnten wir dann den Abschluss heute machen?"

Das hört sich doch viel besser an als das, was du bisher immer gesagt hast. Glaub mir, 80 Prozent deiner Konkurrenten improvisieren, wenn sie diese oder ähnliche Einwände hören und das macht ihren Job nur noch härter. Benutzt du ein Telefonleitfaden von einem Profi, dann bist du bestens vorbereitet, baust Vertrauen auf, wirst diese auftretenden Einwände behandeln, verminderst deine Frustration und tausende von Euro sichern dir einen schnelleren Verkaufsabschluss.

Nr. 4: Du kannst dich ganz darauf konzentrieren, was dein Gesprächspartner zu dir sagt.

Du brauchst nicht zu überlegen, was du als nächstes sagen wirst sondern du hörst deinem Gesprächspartner aktiv zu. Du hörst **was** er sagt und **wie** er es sagt.

Hörst du aktiv zu, dann wirst du vom Interessenten exakt erfahren, welche Wünsche und Bedürfnisse er hat und wie du zum Abschluss kommst (oder warum sie noch nicht bereit sind zu kaufen).

Das ist ein ganz wichtiger Punkt. Bist du bei der Qualifizierung eines Interessenten und du folgst deinem Script und stellst die richtigen Fragen, dann wirst du dich wundern, wie sich deine Gesprächspartner offenbaren. Sie werden dir exakt sagen, was du für einen Abschluss tun musst.

Oder sie sagen dir die Gründe, warum sie jetzt noch nicht kaufen können. Egal wie es ist, du bist doch in einer hervorragenden Situation, wenn du vorausschauend weißt, was du zu tun hast, wenn du deinen Gesprächspartner erneut anrufst, um den Abschluss zu machen. Du wirst nur dann diese Informationen bekommen, wenn du aktiv zuhörst. Und aktiv zuhören kannst du nur, wenn du dich nicht darauf konzentrieren musst, was du als nächstes sagen willst.

Nr. 5: Gesprächs-/Telefonleitfäden geben dir Selbstvertrauen.

Du wirst erkennen, dass Kaltakquisitionen, Terminvereinbarungen und Verkaufsabschlüsse leichter durchzuführen sind, wenn du ein Telefonleitfaden benutzt. Das hängt damit zusammen, dass du immer wieder die gleichen Einwände hörst und du mit dem Script bestens vorbereitet bist. Machst du hunderte von Anrufen, dann wirst du wenig Kreativität bei den auftretenden Einwänden erkennen. Über 90 Prozent der Einwände sind doch immer gleich. Ansagen wie: „Ich bin nicht interessiert" oder „Wir haben dafür kein Geld im Budget" oder „Wir haben bereits einen Verkaufstrainer/Lieferanten" hörst du doch dutzende Male jeden Tag oder jede Woche.

Mit dem Einsatz eines Telefonleitfadens und den professionellen Antworten darauf wirst du die Einwände professionell behandeln und mit Selbstbewusstsein überwinden. Ansonsten gehörst du zu den 80 Prozent der Verkäufer, die mit ihren Antworten „rumeiern" und nicht oder nur wenig überzeugen.

Deine Interessenten und Kunden stellen nur dann den Preis in den Vordergrund, wenn Sie

a) den Nutzen noch nicht erkannt haben oder
b) dir nicht vertrauen.

Nr. 6: Nur ein Gesprächs-/Telefonleitfaden führt zur Perfektion.

Viele Menschen sagen, dass viel Praxis zur Perfektion führt. Aber das stimmt nur bedingt. Jedoch: die permanente Anwendung führt zur Nachhaltigkeit. Nur die regelmäßige Anwendung des Telefonleitfadens führt zur Perfektion.

Wenn du immer ohne Telefonleitfaden arbeitest, dann verstärkst du deine schlechten Gewohnheiten und du lernst nichts dazu. Vielleicht klingst du sogar schlimmer und schlimmer und wunderst dich, was los ist.

Andererseits - wenn du mit einem Telefonleitfaden arbeitest, dann wirst du von Gespräch zu Gespräch immer besser. Mit jedem gehörten Einwand wirst du sicherer und baust mehr Selbstvertrauen auf, weil du ja die Perfektion praktizierst.

Telefonleitfäden ermöglichen dir auch, deine Stimme zu trainieren: die Sprechgeschwindigkeit, die Modulation, die Stimmhöhe, die Begeisterung etc. So wie du das Gespräch eröffnest, so wie du den Interessenten qualifizierst, so wie du den Abschluss machst, so wie du nach dem Auftrag fragst, so wie du auf die Einwände antwortest ist doch immer gleich. Da macht es doch Sinn, die effizienten Techniken zu erlernen und anzuwenden. Setzt du diese Techniken jetzt tagtäglich ein, so werden sie dich von den hinteren Rängen nach vorne bringe, zu den Topp-20%-Verkäufern. Und das willst du ja.

Kapitel #7: Das Märchen vom Gewinn

Was verdienen die deutschen Unternehmen überhaupt? Wie viel Euro bleiben dem Unternehmer von 100 Euro übrig als Gewinn? Das ist ja die Umsatzrendite, definiert als Gewinn/Umsatz und ausgedrückt in Prozent.

Im Fernsehen hatte ich vor einigen Jahren in den USA einen Report verfolgt, bei dem die Verbraucher gefragt wurden, was ein amerikanisches Unternehmen wohl verdient. Die Verbraucher schätzen den Wert auf 46 Prozent.

Die IHK in Deutschland hatte in einer Studie ermittelt, dass die deutschen Verbraucher den Wert auf ca. 33 Prozent schätzten. Im Regelfall liegen die Werte bei den Befragungen im Bereich – auch heute noch – bei 25 Prozent. Mit der Realität haben diese Werte sehr wenig zu tun.

Handelsunternehmen sind zufrieden, wenn sie eine Rendite von 1 bis 3 Prozent erreichen. Bei Industrieunternehmen gilt eine Rendite von 10 Prozent schon als überdurchschnittlich.

Bei Renditen von 20 oder 25 Prozent könnte man mit den Preisen ganz entspannt umgehen.

Liegt die tatsächliche Rendite jedoch im einstelligen Bereich, dann hat jedes Prozent mehr oder weniger gravierenden Einfluss auf die Gewinnlage eines Unternehmens. Erwirtschaftet ein Unternehmen eine Umsatzrendite von 1 Prozent, dann ist der Gesamtgewinn weg, wenn der Preis nur um 1 Prozent sinkt.

Im internationalen Vergleich schneiden die deutschen Unternehmen beim Gewinn sogar schlecht ab. Deutsche Unternehmen liegen mit einer Umsatzrendite nach Steuern von 4,2 Prozent an siebtletzter Stelle. Dabei ist das der beste Platz seit Jahren.

In den acht Jahren von 2003 bis 2010 landeten deutsche Unternehmen einmal auf dem letzten, fünfmal auf dem vorletzten und zweimal auf dem viertletzten Platz. Im Schnitt erreichten deutsche Firmen in der Zeit eine Rendite von 3,4 Prozent. Der Durchschnitt aller Länder lag bei 6,0 Prozent.

Die Unternehmen in der Schweiz schafften 9,3, in Großbritannien 6,6 und in den USA 5,1 Prozent.

Ob dein Preis als hoch, niedrig oder angemessen empfunden wird, hängt vom Nutzen ab, den das Produkt oder die Dienstleistung dem Unternehmen bietet.

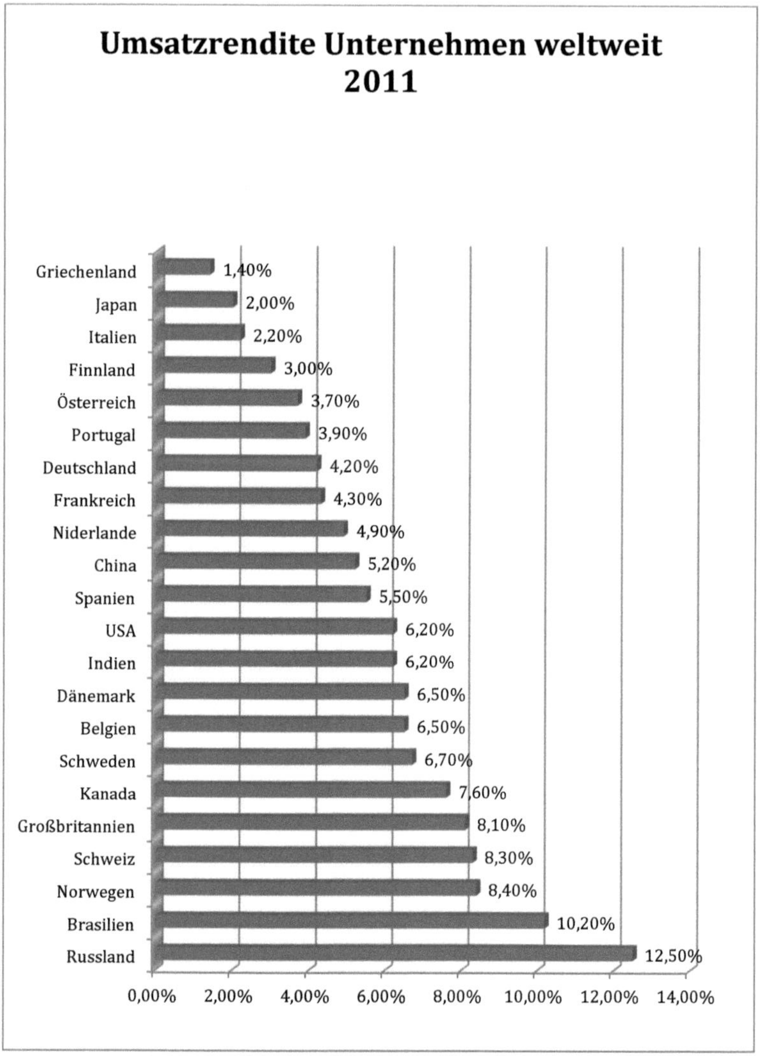

Umsatzrendite Unternehmen weltweit 2011

Land	Umsatzrendite
Griechenland	1,40%
Japan	2,00%
Italien	2,20%
Finnland	3,00%
Österreich	3,70%
Portugal	3,90%
Deutschland	4,20%
Frankreich	4,30%
Niderlande	4,90%
China	5,20%
Spanien	5,50%
USA	6,20%
Indien	6,20%
Dänemark	6,50%
Belgien	6,50%
Schweden	6,70%
Kanada	7,60%
Großbritannien	8,10%
Schweiz	8,30%
Norwegen	8,40%
Brasilien	10,20%
Russland	12,50%

Kapitel #8: Der Anfang vom Ende: Rabatte, Boni etc.

Wer meine Trainings schon mal besucht hat oder ein Coaching mit mir genossen hat, der kennt mein Mantra:

Du musst zu mindestens 100% überzeugt sein von dem WERT deiner Produkte und Dienstleistungen.

Wenn du ein Verkäufer oder sogar ein Verkaufsleiter bist und du nicht an den Preis für deine Produkte und Dienstleistungen glaubst, dann hast du bereits mental eine starke Tendenz zu einem Preisnachlass entwickelt.

Es kann allerdings auch sein, dass du schon den Preis akzeptierst, aber da draußen in der schlechten Welt des Verkaufens geben ja alle einen Rabatt. Es ist ja mittlerweile üblich, einen Rabatt zu geben. Und ich kenne Verkäufer, die Fragen den Einkäufer, ob sie den Rabatt schon direkt einpreisen sollen.

Es fällt schwer zu glauben, dass Aufträge zu normalen Konditionen gewonnen werden.

Das muss ich dir sagen: *Mit jedem Rabatt bleibt dein Profit auf der Strecke.*

Vielleicht hast du auch die Einstellung, dass du dann eben mehr Umsatz machen musst. Aber Quantität wird niemals das kompensieren, was du beim Rabatt ausgegeben hast.

Der Anfang vom Ende bedeutet ja auch, dass du – wenn du einmal Rabatt gegeben hast – du immer wieder Rabatt geben wirst. Das wird dann dein Standard-Geschäft – einmal Rabatt – immer Rabatt.

Mach dich endlich vertraut damit, dass der Preis in deiner Preisliste der echte und wahre Preis ist. Stell dich mental darauf ein. Ansonsten werden deine Geschäfte nur dann erfolgreich sein, wenn du einen Rabatt gibst.

Stopp den Angriff auf den Profit. Diese Tipps werden dir dabei behilflich sein:

- Stell sicher, dass nur zum regulären Preis verkauft wird. Jede Änderung davon muss mit dem Vertriebsleiter abgestimmt werden.
- Werden neue Mitarbeiter für den Vertrieb eingearbeitet, wird die neue Unternehmenskultur „Keine Rabatte" vermittelt. WERThaltig und NUTZENorientiert ist die neue Marschrichtung im Unternehmen.
- Mit den passenden Trainings werden alle Verkäufer für diese neue Kultur geschult. Das führt dazu, dass in Zukunft das Produkt nur noch zu dem Verkaufspreis angeboten wird.

Klar, in einigen Fällen wirst du den Auftrag ganz schnell bekommen, sobald du mit dem Preis nach unten gehst. Der Adrenalinschub wird dazu beitragen, mental an den reduzierten Preis zu denken und es gehört jetzt viel Kraft dazu, zum regulären Preis zu verkaufen. Betrachtest du deine Erfolge mittel- und auch langfristig, so wirst du feststellen, dass ein rabattierter Preis keine Erfolge bringt.

Qualitätsführerschaft verträgt sich nicht mir Preisführerschaft.

Setzen Sie auf steigende Preise.

Qualität muss weiter wachsen.

Kapitel #9: Welche Rabatt-Signale sendest du aus?

Vor einiger Zeit habe ich nachgedacht, mir eine neue Software für den CRM-Bereich anzuschaffen. Ich habe Gespräche mit Freunden, Bekannten und Geschäftspartnern geführt. Schließlich habe ich mich entschieden, ein bestimmtes Programm dafür einzusetzen.

Es ist schon erstaunlich, was man so alles erfährt, wenn man mit anderen Personen spricht. Bereits im frühen Gesprächsstadium hatte ich von einem Unternehmen den Hinweis bekommen: *„Die lassen mit sich handeln."* Wow, was für eine großartige Botschaft.

Da habe ich mich für ein System entschieden, es für gut befunden und bevor es in die Preisrunde geht, lerne ich: *„Sie lassen mit sich handeln!"*

Ab dem Zeitpunkt war ich nicht mehr darauf konzentriert, die beste Software zu bekommen sondern den besten Preis. Bestimmte Vorteile und Nutzen habe ich nach hinten geschoben und war nur drauf fixiert, maximalen Profit für mich herauszuholen.

Möglicherweise denkst du jetzt darüber nach, dass es für dich das richtige Unternehmen ist, für das du gerne verkaufen willst. Ohne groß nachzudenken sofort einen Rabatt geben und das schnelle Geschäft machen. Aber das Problem ist, dass dieses Argument für dich nicht zieht, denn du hast zwei Varianten.

Erstens ist es deine Aufgabe, dem Interessenten klar zu machen, dass es das System ist, wonach er sucht. Zweitens sollst du einen Preis verhandeln, der den Wert der Software spiegelt.

> Das ist ein ganz lausiger Verkaufsprozess.
> Der Markt weiß, dass dieses Unternehmen Rabatte gibt.

Versetz dich einfach in meine Lage des Käufers. Ich will kaufen, ich bin bereit zu kaufen – aber ich werde nicht kaufen zu deinen Konditionen. Ich werde mit dir spielen.

Das Ergebnis ist, dass ich innerlich gekauft habe aber erst nach einer gewissen Wartezeit nun wirklich zuschlagen werde. Je länger ich warte, umso mehr Rabatt/Nachlass bekomme ich.

Nimm jetzt die Position des Verkäufers ein. Der Verkaufsprozess dauert nun viel länger und es kommt weniger Geld in die Unternehmenskasse. Signalisierst du dem Interessenten, dass du bereit bist, Rabatte zu geben? Dann wirst du noch sehr häufig Kopfschmerzen bekommen.

Kapitel #10: Acht Fragen die du dir stellen solltest, sobald du an Rabatt denkst

Viel zu viele Verkäufer machen sich keine Gedanken darüber, was es heißt, einen Rabatt zu geben. Sie sind eher daran interessiert, schnell den Auftrag in der Tasche zu haben. Dabei fühlen sie sich noch als Sieger – doch sie sind die *„Verlierer!"*

Hier kommen jetzt acht Fragen für dich. Denk nach, bevor du an Rabatt denkst.

1. *Geht es in diesem Fall darum, den Preis eines Mitbewerbers zu unterbieten? Wenn du einen Rabatt anbietest, was hindert den Mitbewerber daran, einen weiteren Rabatt anzubieten? Willst du da wirklich mitspielen?*

2. *Wenn dies ein neuer Kunde ist, wie willst du in Zukunft zu einem höheren Preis verkaufen, wenn du ihm jetzt schon beim Erstauftrag einen Rabatt gibst?*

3. *Wenn es ein existierender Kunde ist und du ihm in diesem Fall einen Rabatt einräumst, wird er davon ausgehen, dass du ihn in der Vergangenheit über den Tisch gezogen hast? Wenn dem so ist, wie willst du weiter Vertrauen aufbauen?*

4. *Ist der Kunde, der eine Anfrage stellt, ein Kunde der immer bei dem Billigsten kauft?*

5. Ist der Kunde - bei dem du einen Rabatt gewähren willst - in der Vergangenheit ein schwieriger Kunde gewesen, mit dem du erfolglos verhandelt hast? Was gibt dir die Sicherheit, dass du ihm deine Produkte und Dienstleistungen doch noch zu einem höheren Preis verkaufen kannst?

6. Wie verhalten sich deine anderen Kunden, wenn sie erfahren, dass du einen Rabatt gegeben hast? Wie vielen anderen Kunden musst du dann ebenfalls einen Rabatt einräumen – zukünftig oder sogar rückwirkend?

7. Warum fragt der Kunden nach einem niedrigeren Preis? Was hast du falsch gemacht, so dass er den WERThaltigen Nutzen noch nicht erkannt hat? Warum ist die Preissäule höher als die Wertsäule?

8. Woher weißt du, dass der Kunde nur bei dir kauft, wenn du ihm jetzt einen Rabatt einräumst?

Diese Fragen sollen dazu führen, dass du dich ein wenig zurücklehnst und in dich gehst, bevor du überhaupt über eine Änderung an der Preispolitik nachdenkst. WERThaltig und NUTZENorientiert Verkaufen können nur die wenigsten Verkäufer.

Die gute Nachricht: *das ist erlernbar!*

Was mich immer wieder erstaunt:

Obwohl der Mitbewerber das gleiche Angebot (angeblich) zum wesentlich niedrigeren Preis anbietet, verhandelt der Kunde hartnäckig mit dem Ziel die von mir als Verkäufer angebotenen Leistungen zum niedrigeren Konkurrenzangebot zu erhalten.

Das ist doch ein Widerspruch, der die höhere Wertschätzung meines Angebotes durch den Kunden still bestätigt.

Kapitel #11: Was Rabatte wirklich kosten

Verkäufer erzählen mir, dass ein kleiner Rabatt immer für den Kunden *„drin sein muss"*, denn ein kleiner Rabatt hat ja kaum Auswirkungen. Außerdem *„tue ich noch was Gutes für meinen Kunden"* so die Argumentation.

Andere Verkäufer argumentieren auch, dass der kleine Rabatt den Entscheidungsprozess massiv beschleunigt hat und der Interessent ein gutes Gefühl hat.

Es spielt nun wirklich keine Rolle, welche Gründe für einen Rabatt von den Verkäufern angeführt werden. Auch nicht, welche Gefühle sie beim Interessenten erzeugen.

Tatsache ist:

ein Rabatt ist ein Rabatt und kostet Geld.

Wenn du deinem Interessenten einen Rabatt von nur 5% einräumst um den Auftrag zu bekommen, dann wirst du erstaunt sein, welcher Profit für das Unternehmen dabei verloren geht.

Gehen wir davon aus, dass dein Produkt einen Preis von € 100 hat und von jedem Verkauf bleibt ein Profit von € 15 (also 15%) übrig. Bei einigen Unternehmen sind es mehr Prozente und bei anderen auch weniger Prozente.

Verkaufspreis: € 100,00
Profit: € 15,00

Gibst du jetzt 5% Rabatt:

Verkaufspreis: € 100,00
5% Rabatt: € 5,00
Profit: € 10,00

Allein in diesem einfachen Beispiel ist der Profit um 33% reduziert. Der überwiegende Teil der Verkäufer setzt den Rabatt im Vergleich zu dem Verkaufspreis, doch das ist ein großer Fehler. Ein angebotener Rabatt ist kein Rabatt auf den Verkaufspreis. Es ist ein Rabatt auf den Profit.

Verkäufer geben gerne einen Rabatt, weil es sich nach ihren Angaben nur um kleinere Beträge handelt und weil es ja das Unternehmen betrifft und weniger den Geldbeutel des Verkäufers.

Sollte das Thema „Rabatt" doch aufkommen, dann sollte jeder Verkäufer und jede Führungskraft im Unternehmen den Rabatt im Verhältnis zum Profit setzen. Kommen wir wieder zurück auf das Beispiel.

Denkt ein Verkäufer über das Geschäft mit einem Rabatt von 5% nach, so kommt er schnell zu dem Ergebnis, das Geschäft jetzt abzuschließen. Gehen wir jetzt davon aus, dass es sich um ein Geschäft mit einer Reduzierung des Profits um 33% handelt, so sieht die Welt plötzlich anders aus. Jetzt heißt es: *„Ende – aus!"*

In meinem Beispiel müsste jetzt der Verkäufer zu seinem Boss gehen und um zwei Dinge bitten: zum einen um einen Rabatt von 5% und um die Reduzierung des Profits um 33%. Welcher Verkäufer traut sich schon seinen Boss das zu fragen? Denn damit drückt der Verkäufer doch aus, dass er nicht verkaufen kann.

Aus diesem Grund ist es wichtig, dass der Verkäufer lernt, dass ein Rabatt immer ein Rabatt auf den Profit ist.

Als Führungskraft im Unternehmen kann es problematisch sein, die finanziellen Eckdaten mit dem Vertriebsteam zu besprechen. In diesem Fall bietet es sich an, immer von einem Standard-Prozentsatz auszugehen wie in dem Beispiel mit den 15%. Das versteht der Verkäufer eher und es werden die endlosen Diskussionen im Finanzgebaren des Unternehmens vermieden.

Rabatte geben kostet extrem viel Geld und es bedarf einer großen Überzeugungsarbeit bei den Verkäufern.

Verkäufer, wenn sie mit Rabattforderungen konfrontiert werden, gehen immer davon aus, dass der Profit Ihres Unternehmens zu hoch angesetzt ist.

Nur dies ist ein falsches Argument, weil der Profit exakt im Unternehmen gemessen wird und den Erfolg eines Unternehmens widerspiegelt. Je weniger Profit, umso weniger erfolgreich ist das Unternehmen. In dieser Situation wird es für den Verkäufer wieder schwierig, den WERThaltigen Nutzen zu vermitteln.

Ich habe noch nie einen Verkäufer gefunden,

der zugegeben hat,

dass er schlecht im Verkaufen ist.

Verlangt ein Verkäufer bei seinem Boss einen Rabatt für seine Verkaufsaktivitäten, so drückt er aus, dass er ein schlechter Verkäufer ist.

Kapitel #12: Wie Rabatte deinen Gewinn schmälern

(aus dem Buch: Preisheiten)

Wie Rabatte deinen Gewinn schmälern

Rabatte in Höhe von…	Der ursprüngliche Bruttogewinn beträgt 5 % und führt zu einer Verringerung des Gewinns um…	Der ursprüngliche Bruttogewinn beträgt 10 % und führt zu einer Verringerung des Gewinns um…	Der ursprüngliche Bruttogewinn beträgt 15 % und führt zu einer Verringerung des Gewinns um…	Der ursprüngliche Bruttogewinn beträgt 20 % und führt zu einer Verringerung des Gewinns um…
2,0 %	40,0 %	20,0 %	13,3 %	10,0 %
3,0 %	60,0 %	30,0 %	20,0 %	15,0 %
4,0 %	80,0 %	40,0 %	26,6 %	20,0 %
5,0 %	100,0 %	50,0 %	33,3 %	25,0 %
7,5 %	Verlust	75,0 %	50,6 %	37,5 %
10,0 %		100,0 %	66,6 %	50,0 %
12,5 %		Verlust	83,3 %	62,5 %
15,0 %			Verlust	75,0 %

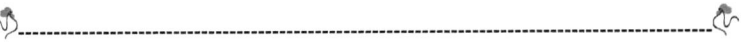

Kapitel #13: So viel Mehrumsatz müssen deine Rabatte bringen

(aus dem Buch: Preisheiten)

So viel Mehrumsatz müssen deine Rabatte bringen

Rabatte in Höhe von…	Der ursprüngliche Bruttogewinn beträgt 5 % und verlangt einen Mehrumsatz von…	Der ursprüngliche Bruttogewinn beträgt 10 % und verlangt einen Mehrumsatz von…	Der ursprüngliche Bruttogewinn beträgt 15 % und verlangt einen Mehrumsatz von…	Der ursprüngliche Bruttogewinn beträgt 20 % und verlangt einen Mehrumsatz von…
2,0 %	66,6 %	25,0 %	15,4 %	11,1 %
3,0 %	150,0 %	42,8 %	25,0 %	17,6 %
4,0 %	400,0 %	66,6 %	36,4 %	25,0 %
5,0 %	nicht möglich	100,0 %	50,0 %	33,3 %
7,5 %		300,0 %	100,0 %	60,0 %
10,0 %		nicht möglich	200,0 %	100,0 %
12,5 %			500,0 %	166,6 %
15,0 %			nicht möglich	300,0 %

Kapitel #14: Die unverstandene Rolle des Preises

Es erstaunt mich immer wieder, wie wenig die Bedeutung des Preises für den Gewinn durchschaut wird. Obwohl die grundlegenden Zusammenhänge einfach sind, fehlt vielen Managern das spontane Verständnis. Nehmen wir den folgenden Fall. Der Preis ist 100 Euro, die variablen Stückkosten betragen 60 Prozent, die Absatzmenge eine Millionen Stück.

Nun die Frage: Wenn man den Preis um 20 Euro senkt, wie viel muss man verkaufen, um den gleichen Gewinn zu erzielen? Spontan antworten viele Manager: *„20 Prozent."* Diese Antwort ist falsch. Die Abbildung zeigt, was passiert und wie viel man absetzen muss, um denselben Gewinn zu erzielen.

Gewinnwirkungen einer Preissenkung

(aus dem Buch: Preisheiten)

	Ausgangs-situation	Preissenkung von 20 %, Absatzsteigerung von 20 %	Preissenkung von 20 %, Gewinn konstant
Preis in Euro	100	80	80
Absatz (Stück)	1 Mio.	1,2 Mio.	2 Mio.
Umsatz (Mio €)	100	96	160
Variable Kosten (Mio €)	60	72	120
Deckungsbeitrag (Mio €)	40	24	40
Fixkosten (Mio €)	30	30	30
Gewinn (Mio €)	10	-6	10

Setzt man nur 20 % mehr ab, so gerät man in die Verlustzone. Wenn der Preis auf 80 Euro zurückgeht, halbiert sich der Deckungsbeitrag (= Differenz zwischen Preis und variablen Stückkosten). Man muss also die doppelte Menge verkaufen, um wieder auf einen Gewinn von 10 Mio. Euro zu kommen.

Wie du siehst, sind das einfache Rechnungen. Dennoch sind viele Manager erstaunt, welch katastrophaler Gewinneinbruch bei einer Preissenkung von 20 Prozent eintritt, wenn die Absatzmenge nur im 20 Prozent steigt.

Kapitel #15: Sie sparen die Mehrwertsteuer von 19 %

Beliebt sind bei Händlern Aktionen, bei denen den Kunden die Mehrwertsteuer erlassen wird. Bei Erlass der Mehrwertsteuer von 19 % beträgt der Rabatt für den Endverbraucher übrigens nicht 19, sondern nur 15,96 Prozent. Denn die 19 % Mehrwertsteuer beziehen sich auf den Preis inkl. MwSt. also 119, so dass sich ein Rabatt von 19/119 = 15,96 Prozent ergibt. Der Kunde glaubt natürlich, einen Rabatt von 19 % zu bekommen.

Was bringt eine solche Aktion?

Hier kommt ein Beispiel. Mit Mehrwertsteuer setzen wir die Absatzmenge auf 100, den Preis inkl. der Mehrwertsteuer von 19 % auf 119 Euro. Wir unterstellen eine Bruttospanne von 30 Prozent, also variable Stückkosten von 70 Prozent. Die Fixkosten nehmen wir der Einfachheit halber mit Null an. In der Ausgangssituation ergibt sich ein Gewinn von 3.000 Euro. Die beiden Spalten „Ohne MwSt." zeigen, was bei gleichem Absatz bzw. bei gleichem Gewinn passiert:

	Ausgangssituation mit MwSt.	Ohne MwSt. Gleicher Absatz	Ohne MwSt. Gleicher Gewinn
Absatz in Stück	100	100	213
Preis in Euro	119	100	100
Umsatz in Mio Euro	11.900	10.000	21.300
Stückkosten in Euro	7.000	7.000	14.900
Mehrwertsteuer in Euro	1.900	1.579	3.400
Gewinn in Mio Euro	3.000	1.403	3.000

Bei gleichem Absatz würde der Gewinn um mehr als die Hälfte sinken. Um den gleichen Gewinn wie in der Ausgangssituation zu erzielen, müsste der Absatz um 113 Prozent steigen, also mehr als verdoppeln.

Die von dem Vorstand hochgelobte Steigerung der Kundenzahl von 40 Prozent reicht bei weitem nicht, selbst wenn die Kunden etwas mehr kaufen als bisher. Es ist äußert unwahrscheinlich, dass sich solche Preisaktionen rechnen. Auf solche Aktionen sprechen Sonderangebots- und Rabattjäger an, die sich durch eine geringe Ladentreue auszeichnen.

Kapitel #16: Rabattierte Preise bringen dir rabattierte Kunden

Rabatte zu geben bedeutet ja nicht nur, das Verhältnis Preis/Wert ins Verhältnis zu setzen. Es bringt dir auch vermehrt armselige Kunden. Und wer von uns will schon armselige Kunden haben?

Interessenten und Kunde, die ausschließlich über den Preis kaufen, halten dich auch in vielen anderen Punkten auf Trab.

In vielen Fällen merkt der Verkäufer das erst, wenn es zu spät ist. Die grundsätzliche Einstellung dazu ist ja, dass ein Auftrag mit einem Rabatt immer besser ist als gar kein Auftrag.

Liest und hört sich einfach an, oder? Und jetzt ist es als wenn es nur um den Profit geht. Die Realität ist, dass der Verlust noch viel größer ist als nur der reine Profit-Verlust.

Sobald dein Kunde festgestellt hat, dass er bei dir einen niedrigen Preis bekommt, wird er weitere Forderungen auch in anderen Punkten aufstellen.

Damit gerät dein Geschäft langsam außer Kontrolle.

Die kleine Forderung entwickelt sich zu einem großen Sturm. Das muss nicht unbedingt der Zeitfaktor sein, sondern es reicht, wenn zusätzliche Ressourcen gebunden werden. Der Abschluss wurde rabattiert und die weiteren Leistungen müssen ebenfalls rabattiert werden durch die zusätzliche Arbeit.

Einige von Ihnen werden jetzt argumentieren, dass das doch ein zusätzlicher großartiger Service des Unternehmens ist. Das macht Sinn, doch was ist mit den Kosten die dabei entstehen? Selbst bei diesem großartigen Service ist es doch fraglich, wie du in Zukunft den einmal rabattierten Preis wieder nach oben setzen willst.

Wenn es dein Ziel ist, mit dem „billigen Jakob" zusammenzuarbeiten, dann brauchst du nur einen Rabatt geben.

Willst du deinen Profit für das Unternehmen sichern und die Kosten unter Kontrolle halten, dann ist die Rabattierung der schlechteste Weg.

Der Kampf um den Preis

wird in Zukunft

noch erbitterter geführt.

Was tust du dagegen?

Kapitel #17: Probleme beim Abschluss?
Rabatte helfen dir nicht weiter

Verkäufer gehen gerne den einfachen Weg zum Abschluss hin und ein Rabatt wird vorschnell angekündigt. In vielen Verkaufstrainings wird ja auch vermittelt, dass ein kaufbereiter Interessent noch schneller abschließen wird, sobald ein Rabatt angekündigt wird.

Diese Denkweise bringt ein großes Problem mit sich.

Problem #1:
Bietest du einen rabattierten Preis an um den Auftrag zu machen, verändert das den gesamten Verkaufsprozess. Egal ob du den Auftrag jetzt bekommst oder auch nicht – die Rabattierung wird bei dir zu einem Standard im gesamten Verkaufsprozess. Damit werden andere Punkte des Verkaufsprozesses überlagert. Unbewusst bedeutet das für uns, dass wir weggehen vom Fokus der Vorteile und Nutzen für den Interessenten/Kunden und uns nur noch auf den Rabatt konzentrieren.

Problem #2:
Zweites Problem – und das ist viel größer – lässt in dem Käufer die Zweifel wachsen, sobald der Verkäufer einen Rabatt einräumt. Die Zweifel teilen sich auf in zwei Arten. Zum einen entstehen beim Käufer die Zweifel über den Wert des Produktes und zum anderen entsteht der Eindruck, dass der Verkäufer nicht hinter dem steht, was er verkauft. Es entsteht ein Glaubwürdigkeitsproblem.

Problem #3:

Hat der Verkäufer dem Kunden einen Rabatt angeboten, dann glaubt doch jeder Kunde, dass er einen weit höheren Rabatt einfordern kann. Er geht davon aus, dass – um das Geschäft jetzt abzuschließen – der Verkäufer weitere Zusagen macht. Warum sollte der Kunde auch mit dem Angebot zufrieden sein, wenn er noch mehr herausholen kann?

Siehst du nun, wie verheerend diese Problem sein können?

Im gesamten Verkaufsprozess sollte es dem Verkäufer untersagt sein,
einen Rabatt oder Nachlass zu geben.

Die Ausgangsbasis ist doch, dem Interessenten/Kunden den WERThaltigen Nutzen zu verkaufen. Denk einen Moment darüber nach. Dazu noch eine Frage an dich als Verkäufer: *„Was ist deiner Meinung nach die zentrale Aufgabe für Mitarbeiter im Verkauf und Vertrieb?"*

STOPP: bitte erst antworten und dann weiterlesen!

Was hast du geantwortet? *„Kundenorientierung"*? Das ehrt dich. *„Umsatz erzielen"*? Das kommt der Sache schon näher, ist aber dennoch falsch. *„Deckungsbeiträge erwirtschaften"* – Volltreffer! Dein Ziel ist es, Umsatz zu bestmöglichen Konditionen zu erzielen. Schließlich ist das primäre Ziel eines Wirtschaftsunternehmens PROFIT!

Wenn du im gesamten Verkaufsprozess immer wieder von WERThaltigen Nutzen sprichst und am Ende des Gesprächs von Rabatten – was sagt das aus über das, was du vorher alles erzählt hast? Nichts – es verpufft und fokussiert den Kunden auf deine Rabatte.

Kapitel #18: Ein einfacher Weg um Rabatte zu vermeiden

Willst du Rabatte vermeiden? Eine wunderbare Möglichkeit besteht darin, dass du in der Abschlussphase drei wichtige Bedürfnisse des Kunden kennst.

Damit erreichst du, dass dein Gesprächspartner sich auf die Wünsche, Ziele, Träume konzentriert und seine Probleme schnell lösen will.

> **Der Preis spielt überhaupt keine Rolle, wenn die Bedürfnisse, Träume und Wünsche klar definiert sind und der Kunde exakt weiß, was er mit deinen Produkten und Dienstleistungen gewinnt oder vermeidet.**

Sobald du den Kunden auf den WERThaltigen Nutzen konzentriert eingestimmt hast, besteht überhaupt keine Notwendigkeit, über den Preis zu sprechen. Und der Kunde ist so involviert, dass er auch keinen Grund hat, am Preis zu mäkeln.

Werden die Bedürfnisse des Kunden nicht präsentiert, dreht sich wieder alles nur um den Preis, da der Kunde den WERThaltigen Nutzen für sich nicht erkennt.

Du wirst mehr profitable Abschlüsse erzielen, wenn du weniger an den Preis denkst und dich zu 100% auf den Kunden mit seinen Bedürfnissen und Wünschen konzentrierst.

Deswegen ist es wichtig, dass gerade im Erstgespräch in der Bedarfsanalyse die richtigen Fragen gestellt werden:
„Was ist für Sie besonders wichtig?" Nach der Antwort kommt gleich die nächste Frage: „Warum?"

„Wie sieht das für Sie ideale Angebot/Produkt/Dienstleistung konkret aus?" Nach der Antwort kommt gleich die nächste Frage: „Warum?"

„Was würde sie an (Produkt/Dienstleistung) nicht nur interessieren, sondern auch begeistern?" Nach der Antwort kommt gleich die nächste Frage: „Warum?"

„Ich habe Sie also richtig verstanden: Ihnen ist wichtig, dass…?"

„Wann soll geliefert/installiert werden? Wir liefern immer dienstags und donnerstags – welcher Termin passt Ihnen besser?"

Jeden Morgen wacht in Afrika eine Gazelle auf. Sie weiß. dass Sie schneller laufen muss als der schnellste Löwe, sonst wird sie gefressen.

Jeden Morgen wacht in Afrika ein Löwe auf. Er weiß, dass er schneller laufen muss, als die langsamste Gazelle, sonst wird er verhungern.

Egal ob du Löwe oder eine Gazelle bist, wenn die Sonne aufgeht, solltest du im Vertrieb durchstarten.

Kapitel #19: Warum der Preis kein direkter Kaufgrund ist

Im alltäglichen Spiel um Macht und Durchsetzungskraft ist der Preis nur ein „*Joker*". Wir nennen das Ganze „*Verkaufsgespräch*". Dieser Part ist der anspruchsvollste Part im gesamten Verkaufsprozess. Sitzt der Interessent tatsächlich am längeren Hebel? Auf jeden Fall gibt es Behauptungen, die wir nicht widerlegen können.

Es ist anspruchsvoll für uns, hinter die Maske des Kunden zu blicken, um seine wahren Bedürfnisse, Träume und Wünsche zu entdecken und so zielgerichtet zu argumentieren. Mit intensiven Kenntnissen über die Körpersprache sollte es uns gelingen, doch erheblich mehr über den Menschen und sein Inneres zu erfahren.

Was kaufen Interessenten und Kunden wirklich?

Ein Kunde kauft nie ein Produkt sondern immer die damit verbundene Bedürfnisbefriedigung.

Er kauft Träume, Wünsche, gute Gefühle, Erfüllung seiner Sehnsüchte, Problemlösungen, sichtbaren Erfolg im Business, ein Vertrauensverhältnis ohne Enttäuschungsgefahr, Lebensqualität und Seelenfrieden.

Kunden kaufen immer den WERThaltigen Nutzen. Es ist die Antwort auf die Frage: *„Was bringt mir das?"* Nur wenn diese Interessenten- und Kundenfrage entsprechend beantwortet wird, ist ein Kaufabschluss möglich.

Kunden und Interessenten brauchen doch unser Produkt bzw. unsere Dienstleistung:

- Er will doch mit unserer Ware seinen Gewinn steigern.
- Er will doch mit unserer Hilfe Kosten einsparen.
- Er will doch mit unseren Produkten und Services in seinem Unternehmen bestimmte Probleme lösen.
- Er will doch durch unser Wissen entsprechende Vorteile erzielen.
- Er will von unserem Service profitieren.

Nicht der Preis regiert die Welt, sondern die Gedanken des Kunden. Deswegen ist alles nicht so schlimm, wie uns im ersten Moment das *„zu teuer"* signalisiert. Stelle dir vor, deine Kunden sprechen nur davon, dass deine Produkte *„untauglich"* sind oder *„von ganz schlechter Qualität."* Da müssten wir zu Kreuze kriechen und uns wirklich einen neuen Job suchen.

E.-Norbert Destroy schreibt:

„Da stehen wir nun also dem bestens „trainierten" Kunden gegenüber, der sich für heute einen Sieg vorgenommen hat... Alle Produktvorteile, Nutzen, alle Argumente vergessen... das ganze Gespräch nur auf den Preis konzentrieren... so hat er es sich eingeimpft..."

Und für uns als erfolgreiche Verkäufer geht es darum:

1. Der Kunde muss in seinen Augen gewinnen.
2. Der Kunde muss zufrieden das Verkaufsgespräch verlassen.
3. Der Kunde braucht natürlich unser Produkt.
4. Wir brauchen für unser Produkt unseren Listenpreis.
5. Der Kunde braucht ein wirklich gutes Gefühl.
6. Also braucht der Kunde die Überzeugung, dass mit dieser Investition für unser Produkt der größte WERThaltige *Nutzen* der erstrebte *Sieg* für ihn ist.

Der Preis hat sich heute nur deswegen so weit in den Vordergrund geschoben, weil der überwiegende Teil der Verkäufer Angst vor dem Preisgespräch haben und die Kunden wissen, dass sie einen Rabatt bekommen, wenn sie gezielt danach fragen.

Was sind die wichtigsten sechs Kaufmotive:

1. Profit, Gewinn, Geld verdienen, Zeiteinsparung, geringer Kostenaufwand.
2. Komfort, Vergnügen, Spaß.
3. Prestige, Stolz, Anerkennung.
4. Freude, Seelenfrieden, Sympathie.
5. Sicherheit, Gesundheit, Sorgenfreiheit.
6. Ökologie und Umwelt.

Was jetzt dein Produkt kann, ist für den Kunden völlig uninteressant. Wichtig ist wieder: „*Was bringt es ihm?*" Hier kommen einige Punkte:

- Sein eigenes Produkt verkauft er profitabler (Gewinn).
- Seine Produkte werden dadurch aufgewertet (Prestige).
- Lieferungen erfolgen immer pünktlich, auch bei kurzfristiger Bestellung (Sicherheit).
- Mitarbeiter arbeiten gerne mit den neuen Produkten (Freude, Seelenfrieden).
- Der Energieeinsatz wird reduziert (Ökologie und Umwelt).
- Ausschussquote wird gesenkt (Gewinn).
- Projektlaufzeiten werden reduziert (Profit).
- Qualitativ höhere Stückzahlen werden erreicht (Profit).

Für dich als Verkäufer gilt es, in der Phase der Bedarfsanalyse mit der Fragetechnik die wahren Kaufmotive herauszufinden. Nur wenn du hier die richtigen tiefergehenden Fragen stellst, wird du später in der Vorteil-/Nutzenargumentation seine wahren Kaufmotive ansprechen und so direkter zum Abschluss kommen.

ProduktWERT braucht gelebte WERTE.

- Wer die billigste Garderobe trägt,
- wer den ältesten Wagen fährt,
- wer der absolute Schnäppchenjäger im Internet ist:

der tut sich wirklich schwer von 8 bis 17 Uhr ein Produkt mit einem WERThaltigen Nutzen zu verkaufen.

Kapitel #20: Deine Weichmacher im Preisgespräch

„Und was kostet das?" fragte direkt der Unternehmer schon zu Beginn des Verkaufsgespräches. *„Das kostet..."* antwortete der Verkäufer und damit startete er das Preisgespräch.

In meinen Trainings bringe ich immer zwei Wörter und lasse die Teilnehmer aufmalen, was sie unter dem Wort verstehen. Bei dem einen Wort malen 80 Prozent der Teilnehmer Sonne, Palmen, Schiffe, Strand und Meer. Bei dem zweiten Wort malen sie eine Machete, ein scharfes Messer, einen Krummdolch usw. Ist doch erstaunlich, was so manche Wörter in uns hervorrufen, oder?

Das Wort *„Kosten"* gehört auch zu den Wörtern, das eng in Verbindung mit dem Krummdolch steht. Warum verwenden Verkäufer diese Wörter? Ganz klar, weil sie es nicht gelernt haben, positiv besetzte Wörter einzusetzen. Die Alternative zu dem Wort *„Kosten"* ist doch das Wort *„Investition."* Der Unterschied? *„Kosten"* gehen gleich aus der Geldbörse raus und bei einer *„Investition"* fließt etwas zurück. Insofern ist es doch viel besser, zu antworten:

„Ihre Investition beträgt..."

Schauen wir uns einige Äußerungen von Verkäufern an:

#1: Frage des Interessenten: *„Was soll der Wagen kosten?"*

Verkäufer: *„Dafür will ich eigentlich 9.500 Euro haben"* (die Verwendung des Wortes eigentlich drückt hier aus, dass er mit 8.500 auch zufrieden ist).

Besser: *"So wie der Wagen da steht mit der Nano-Versiegelung und der TÜV-Abnahme gebe ich Ihnen den Wagen für Neunfünf und dazu lege ich noch vier komplette Winterräder obendrauf. Wollen Sie gleich mit dem neuen Wagen vom Hof fahren?"*

#2: Frage des Interessenten: *"Wie hoch ist denn Ihr Tageshonorar?"*

Berater: *"Ich habe mir einen Tagessatz von 2.150 Euro vorgestellt."*

Besser: *"Ja das sage ich Ihnen gerne, Frau Interessentin, mit der Vorbereitungszeit für Ihre unternehmensspezifischen Punkte und mit dem Tagestraining beträgt mein Honorar 2.150 Euro mit acht Teilnehmern – zu welchem Termin soll das Training stattfinden?"*

Folgende Weichmacher werden gerne eingesetzt:

- *"Dieses Gerät verkaufen wir normalerweise um 3.900 Euro."*
- *"Die Kombination von Anzug und zwei Hosen käme auf 900 Euro."*
- *"Das Ziel für uns sollte sein, einen Projektpreis von 90.000 Euro zu erzielen."*
- *"Die Vierfarbanzeige in der Sonderausgabe würde 2.900 Euro kosten."*
- *"Ich weiß, es ist nicht ganz billig..."*
- *Also, ich denke, über den Preis werden wir uns schon einig..."*
- *"Im Normalfall kostet es..."*
- *"Grundsätzlich ist der Listenpreis..."*

Du erkennst, welche Feinheiten im Preisgespräch eine Rolle spielen? Es muss nicht immer die klare Ansage „*Da ist preislich für Sie noch was drin*" sein. Deine kleinen, feinen Andeutungen und deine nonverbalen Körpersignale laden deinen Gesprächspartner dazu ein, mit dir ein Preisgespräch zu führen.

Wir verlieren 68% unserer teuer gewonnenen Neukunden, weil sie sich nicht respektiert, geschätzt und zuvorkommend behandelt fühlen.

Setz jetzt die neuen Wörter im Tagesgeschäft ein:

Bisher	Jetzt
Kosten, Preis	Investition, Betrag
Billig	Preiswert, günstig, attraktiv
Teuer	Wertvoll, preisWERT, exklusiv, kostbar
Einwand	Frage, Argument, Sichtweise, Aspekt
Zugeständnis	Vorschlag, Entgegenkommen
Ich muss...	Ich will...
Keine Information geht Ihnen verloren	Alle Informationen liegen Ihnen rechtzeitig vor
Es ist nicht unüblich, dass...	Es ist üblich, dass...
Das ist schon nicht unwichtig	Das ist wichtig
Ist das für Sie interessant?	Wie interessant ist das für Sie?
Können wir einen Termin vereinbaren?	Mein Terminangebot ist Wochentag – Datum – Uhrzeit – wie sieht es da bei Ihnen aus?
Die hohe Abhängigkeit des VfL Wolfsburg-Finanziers VW vom chinesischen Automarkt habe dabei keine unwesentliche Rolle gespielt.	Die hohe Abhängigkeit des VfL Wolfsburg-Finanziers VW vom chinesischen Automarkt habe dabei eine wesentliche Rolle gespielt.

Kapitel #21: Woran erkennen Interessenten und Kunden die Preisangst des Verkäufers?

- Stimme senken, räuspert sich, hüstelt
- Pause vor der Preisnennung machen
- Leiser werden in der Stimme
- Blickkontakt unterbrechen
- Rutscht auf dem Stuhl unruhig hin und her
- Verwenden von Füllwörtern
- Sehr ernst schauen
- Augenbrauen hochziehen
- Nervöse Bewegungen (mit dem Fuß wippen, Kugelschreiber hektisch ein und raus,)
- Langsamer sprechen
- Drumherum quasseln
- Den Preis nicht genau kennen
- Entschuldigen
- Vorschnelles Anbieten von Alternativen
- Langatmiges Erklären von Preisgründen
- Zusammenkneifen der Augen
- Jammern
- ....
- ....
- ....

Kapitel #22: Wodurch strahlen Verkäufer Sicherheit im Preisgespräch aus?

- Aufrechte, offen Körperhaltung
- Blickkontakt halten
- Lächeln
- Ruhige und feste Stimme
- Humor
- Preis ganz selbstverständlich nennen
- Von Erfolgen sprechen
- Kunden mit Namen ansprechen
- Angemessene Sprechgeschwindigkeit
- Offene und emotionale Fragen stellen
- Strahlende Augen
- Einsatz von positiven und zielorientierten Wörtern
- Preis offensiv darstellen
- ……………………
- ……………………
- ……………………

Kapitel #23: Wie entschärfst du Preisverhandlungen bereits im Vorfeld?

- Ansprechendes und vollständiges Info-Material mit hoher Anmutungsqualität
- Seriöse Erscheinung der Mitarbeiter gem. Unternehmens-CI (Vertrieb, Service etc.)
- Rasche, kundenorientierte Erledigung von Kundenanliegen
- Angebote nur mit Vorabgespräch
- Werthaltige Angebote werden persönlich übergeben und besprochen
- Klären der Entscheidungskompetenz des Ansprechpartners (Wenn der Chef den Auftrag genehmigen muss, wird er versuchen, den Preis nochmals zu drücken)
- Anbieten von (kostenlosen) Zusatzleistungen
- Genau auf die Bedürfnisse des Kunden maßgeschneiderte Lösungen anbieten (in der Bedarfsanalyse konkret erfragen)
- Abklären des Preisrahmens / Budgets
- Nutzenorientierte und detaillierte Angebote
- Konsequenter Einsatz von DNS (Der Nächste Schritt) im gesamten Verkaufsprozess
- Zuverlässigkeit, Ehrlichkeit, Offenheit
- Aufbau einer tragfähigen und vertrauensvollen Beziehungsebene

Kapitel #24: „Mach den Auftrag!"

Doch das was ich hier schreibe, gefällt dir sicher nicht!

Bei meinen Trainings werde ich immer wieder gefragt: *„Werner, was ist denn der schnellste, der einfachste und der beste Weg, einen Abschluss zu erzielen?"*

REALITÄT: Es gibt keinen schnellen, einfachen und besten Weg.

Es gibt jedoch einen anderen Weg als über den Kaufabschluss nachzudenken. Und wenn du das verstanden hast, dann wird es für dich einfacher sein, mehr und entspannter zu verkaufen.

Es ist nicht der Abschluss – es ist der **Beginn**.

In dem Moment, wo du mit dem Interessenten sprichst, treffen sie ein Urteil. Sie beurteilen dich, dann beurteilen sie das, was du verkaufst und dann beurteilen sie dein Unternehmen. Seit Jahren treffe ich ja immer die Aussage: zuerst verkauft sich der Verkäufer.

Das Geheimnis des Verkaufen in sechs Wörtern: großen WERThaltigen Nutzen und große Unterschiede. Zwei Wörter sind gleich: groß.

Wenn dein Interessent keinen Unterschied zwischen dir und deiner Konkurrenz findet, keinen großen WERThaltigen Nutzen (bessere Qualität, schnellere Ausgabe, geringerer Ausschuss, persönliche Betreuung etc.) in deinen Produkten und Dienstleistungen, dann geht es nur noch um den Preis.

Und in diesem Fall wirst du keinen Abschluss machen. Oder, wenn du den Auftrag bekommst, bleibt dein Profit auf der Strecke.

Ich komme zurück auf meine Grundaussage: *Es ist nicht der Abschluss – es ist der Beginn.*

Welche positive JA!-Einstellung hast du? Hast du eine besonders stark ausgeprägte positive JA!-Einstellung? Wie stark glaubst du an dich, an das Unternehmen und an die Produkte? Bist du überzeugt davon, dass dein Interessent das BESTE Produkt kauft, wenn er bei dir kauft?

Welche Nachforschungen hast du angestellt über das Unternehmen und über deinen Gesprächspartner? Die Vorbereitung unterteile ich in drei Bereiche: Vorbereitung auf die Personen, Vorbereitung auf den Verkauf und Vorbereitung auf die Sprache des Interessenten.

Kennst du exakt ihre Kaufgründe? Kennst du exakt ihre möglichen Kaufmotive? Wenn du die Gründe und die Motive kennst, dann wirst du auch die Dringlichkeit erkennen.

HINWEIS: Deine Verkaufsgründe stehen im Widerspruch zu ihren Kaufgründen.

Als du das erste Gespräch mit dem Interessenten am Telefon geführt hattest, war es ein freundliches Gespräch? Hast du dich dabei angenehm gefühlt? Hatten deine Interessenten auch ein gutes Gefühl während des Gesprächs? Konntest du schnell eine harmonische Beziehung aufbauen? Welche Gemeinsamkeiten hast du gefunden?

Egal ob du ein persönliches Gespräch mit einem Interessenten führst oder ein Telefonat – wichtig ist, dass dich dein Gesprächspartner sympathisch findet, dir glaubt und dir vertraut. Und er sich auf dich verlassen kann. Wenn diese Punkte im Rahmen deines Verkaufsprozesses nicht für dich sprechen, dann wirst du nie einen Auftrag machen.

SELBST-TEST: Anstelle von Abschlussfragen zu trainieren, gebe ich dir hier einige Fragen, die du dir immer wieder vor, während und nach der Präsentation stellen solltest. Werden diese Fragen positiv im Sinne des Interessenten beantwortet, dann lässt du die Abschlussfragen außen vor.

Mein Statement: Wenn schon der Beginn falsch ist, kann das Ende nicht richtig werden.

- *Wie gut bist du vorbereitet?*
- *Wie freundlich bist du?*
- *Wie engagiert bist du?*
- *Wie unterscheidest du dich?*
- *Wie werthaltig bist du?*
- *Wie vergleichbar bist du?*
- *Wie glaubhaft bist du?*
- *Wie vertrauenswürdig bist du?*
- *Wie selbstbewusst bist du?*
- *Wie verlässlich wirst du wahrgenommen?*

Der Abschluss ist keine Aktion. Es ist die Summe von verschiedenen Elementen, die letztlich zu einer Entscheidung führen. Wie ich schon in meinem Buch
„Mach den Abschluss – Werners blaue Verkäuferkladde"
beschrieben habe, ist der Abschluss die Balance zwischen deinen Worten und Taten und den Gedanken und Erwartungen deines Interessenten.

Und ein Verkauf findet immer statt: entweder kauft der Interessent bei dir oder der Interessent hat dir sein „NEIN" verkauft.

Du bietest mir als dein Kunde einen freundlichen, engagierten, gut vorbereiteten, vergleichbaren, WERThaltigen, selbstbewussten und vertrauenswürdigen Verkäufer und ich Kunde gebe dir meinen Auftrag.

Mach nicht den Abschluss – vervollständige mit einem Auftrag deinen Verkaufsprozess und starte den Beziehungsaufbau.

Es liegt nicht im Verantwortungsbereich des Verkäufers den Abschluss zu machen – es ist die Verantwortung des Verkäufers, sich diesen Auftrag zu verdienen!

Kapitel #25: Wann ist der richtige Zeitpunkt für eine Preisanpassung?

Es fragen mich immer wieder Trainingsteilnehmer: *„Werner, wann ist denn der richtige Zeitpunkt für eine Preisanhebung?"*

Meine direkt Antwort: *„Jetzt! Allerdings sprich lieber von einer Preisanpassung."*

Und dann warten sie darauf, weitegehende Informationen von mir zu bekommen. Das ist dann für mich eine gute Gelegenheit ihnen mitzuteilen, was es alles zu beachten gibt und WIE sie da vorgehen. Das ist ungemein wichtig.

Willst du eine Preisanpassung vornehmen, dann musst du es mit Vertrauen machen.

Leider werden viele Verkäufer gar nicht glücklich darüber sein, wenn die Preise angehoben werden. Ihnen sind die derzeitigen Preise schon so hoch, weil sie „im harten Wettbewerb" stehen. Bei einer Preisreduzierung treten ja auch viel weniger Einwände auf und das erleichtert das Verkaufen für die Verkäufer ungemein.

Aber du kennst ja mein Mantra:
Verkaufen ist einfach, aber nicht leicht! Nur die wenigsten Verkäufer sind bereit, hart zu arbeiten, damit das Verkaufen leichter wird.

Klar, wenn es nach dir geht, ist heute kein guter Tag für eine Preisanpassung. Ist es morgen besser – oder übermorgen? Wenn es nach dir geht, sind alle künftigen Tage schlechte Tage für eine Preisanpassung.

Doch je länger du wartest, umso mehr bist du mental davon überzeugt, dass eine Preisanpassung ungünstig ist.

Tatsache ist: Du verlierst täglich Umsatz, wenn du deine Preise auf dem derzeitigen Level belässt.

Eine Preisanpassung lässt sich doch gut durchführen, wenn folgende Punkte gegeben sind:

1. Ein Mitbewerber hat die Preise angehoben.
2. Deine Kosten sind gestiegen.
3. Deine Kunden haben die Preise für Ihre Produkte und Dienstleistungen angehoben.
4. Andere namhafte Unternehmen in deiner Branche haben die Preise angehoben.

Das sind vier wichtige Marktfaktoren und das Verkaufsteam ist darüber zu informieren, welchen Einfluss die Preise auf Gewinn und Umsatz haben.

Auch wenn der eine oder andere Punkt 1 bis 4 zutrifft, heißt das allerdings noch lange nicht, dass du deine Preise anheben sollst. Das bedeutet nur, dass der Markt reif dafür ist und er dir ein Signal sendet.

Die anderen Faktoren für eine Preisanpassung sind für mich die „WERThaltigen Faktoren".

Die aufgeführten Fragen unterstützen dich dabei, die wahren Gründe für eine Preisanpassung herauszufinden. Es geht hier um die Wünsche und Bedürfnisse deiner Kunden und wie genau du die Kaufmotive triffst:

- Welchen Nutzen hat dein Kunde in der Vergangenheit gehabt durch den Einsatz deiner Produkte?

- Wenn dein Kunde deine Produkte jetzt einsetzt, welchen zusätzlichen Nutzen erreicht er damit?

- Gibt es bestimmte Steigerungen oder Ergänzungen die du dokumentieren kannst wodurch bei deinem Kunden ein größerer werthaltiger Nutzen entstanden ist?

- Gelingt es dir deinem Kunden zu vermitteln, dass er mit dem Einsatz deiner Produkte mehr einnehmen wird?

- Mit dem was du deinem Kunden angeboten hast, wird er dadurch Wettbewerbsvorteile bekommen oder wird er ein gewisses Risiko minimieren?

Dahinter liegen die wahren Gründe, die zu einer Preisanpassung führen. Sobald du einen WERThaltigen Nutzen deinem Kunden bietest, erleichtert das die Preisanpassung erheblich.

Natürlich gibt es zig andere Gründe, auf eine Preisanpassung zu verzichten. Bei der Betrachtung deines Zielplanes für das laufende Jahr wirst du die richtigen Entscheidungen treffen – oder die Geschäftsleitung hat sie bereits für dich getroffen.

Preisanpassungen sind etwas ganz normales im Geschäftsleben, egal ob du im B2B oder im B2C-Bereich verkaufst.

Mein Vorschlag ist, dass du permanent den Markt beobachtest und mit deinen Marktpreisen vergleichst und dann rechtzeitig die Weichen für eine Preisanpassung stellst. Folgen mehrere Unternehmen diesem Ansatz, dann gibt es auch häufigere Preisanpassungen.

Diese proaktive Vorgehensweise trägt auch dazu bei, dass mehr Gelder in die Kasse fließen und du dann gewappnet bist für außergewöhnliche Ereignisse.

Je mehr Vertrauen du in die Preisgestaltung und Preisanpassung deines Unternehmens hast, umso weniger wirst du dich mit den negativen Gedanken eines hohen Preises beschäftigen. Diese Energie solltest du lieber in die werthaltige Nutzenargumentation bei deinen Kunden investieren.

Kapitel #26: Ist dein genannter Preis wirklich dein endgültiger Preis?

Hast du auch schon festgestellt, dass viele deiner Gesprächspartner es mit der Wahrheit nicht so genau nehmen, wenn es um deinen angebotenen Preis geht? Insbesondere wenn sie dir erzählen, dass dein Preis nicht mit dem deiner Konkurrenz mithalten kann?

„Ich habe hier ein Angebot von Ihrer Konkurrenz vorliegen – sie liegen 15 % unter Ihrem Preis!" Wir oft hast du diesen Satz schon gehört? Sicher immer öfter in letzter Zeit.

Ich spreche hier nicht davon, dass viele Kunden und Interessenten in diesem Fall den Verkäufer anlügen, für mich wird hier hoch gepokert und maximal geblufft. In vielen Fällen liegen keine Vergleichsangebote vor.

Kunden, die ich interviewt habe, erzählen mir, dass viele Verkäufer einfach kein Vertrauen zu den Käufern haben und sich schwer tun, Vertrauen aufzubauen. Sie sind in der Regel an dem schnellen Auftrag interessiert: Auftrag machen, Provision kassieren und auf zum nächsten.

Kunden erzählen mir, dass sie auf diese Weise den Verkäufer testen. Der Grund: Verkäufer reduzieren viel zu schnell den erstgenannten Preis, da sie der Meinung sind, dass sie mit dieser Vorgehensweise den Kunden zusätzlich motivieren, ihnen jetzt den Auftrag zu erteilen.

Insofern sagen viele Kunden in dieser Gesprächsphase solche Sätze wie: *"Wenn Sie den Auftrag von mir haben wollen, sollten Sie nochmal den Bleistift spitzen und scharf rechnen!"*

Im Regelfall antwortet der Verkäufer: *"Wo müssen wir denn liegen, um den Auftrag zu bekommen?"*

Was mit einer Testfrage begann, endet nun in einer Preisverhandlungs-Runde. Und das nur, weil der Verkäufer der Meinung war, dass bei einer Reduzierung des Preises er direkt den Auftrag erhält.

Wenn du in Zukunft eine solche Situation vermeiden willst, dann solltest du an deinem genannten Preis auch fest glauben.

Mit kräftiger Stimme solltest du antworten: *"Herr/Frau..., der Ihnen vorliegende Verkaufspreis ist mit Nutzen 1 und Nutzen 2 Euro..., einschließlich der Nutzen 3 und 4 – und das ist mein für Sie kalkulierter Preis. Wann soll die erste Lieferung erfolgen?"*

Fragt dich der Kunde erneut, was du sonst noch tun kannst, dann schau ihm in die Augen und sag: *"Das ist mein bester Preis für Sie!"*

Nach meinen Erkenntnissen gibt es hier das große Missverständnis. Der Kunde will den Verkäufer testen, um den besten Preis zu bekommen. Und der Verkäufer hat das Gefühl, dass er den Auftrag bekommt, sobald er den Preis reduziert.

Für einen partnerschaftlichen Beziehungsaufbau ist Vertrauen unerlässlich – gerade zwischen Kunde und Verkäufer. Nennt der Verkäufer seinen Verkaufspreis und auf Nachfrage und Nachdruck doch noch einen reduzierten Preis, dann hat der Kunde die Entschlossenheit des Verkäufers getestet.

Und beim nächsten Gespräch, wenn es wieder heißt „*Dies ist der beste Preis*" glaubt der Kunde dem Verkäufer wieder kein Wort und stellt seine neuen Forderungen.

Reduzieren Verkäufer den genannten Verkaufspreis, dann ist das Resultat immer negativ. Einmal Rabatt – immer Rabatt. Das Spiel geht immer weiter, es werden immer neue Forderungen gestellt.

Der Kunde entwickelt einen Sport dafür, um den allerletzten Rabatt heraus zu kitzeln. Verkäufer haben Angst, den Auftrag zu verlieren und geben permanent nach. Vielleicht sollte ich diese Personen nicht als Verkäufer bezeichnen sondern als Rabattgeber.

Die beste Ansage auf die Frage nach dem Rabatt sind die folgenden Worte: „*Der Verkaufspreis beträgt €...!*" Und wenn der Kunde dich jetzt testet, dann sagst du völlig entspannt: „*Das ist mein Angebot für Sie, es ist ein marktgerechter Preis und bietet Ihnen die Sicherheit, dass alle unsere Kunden – von Nord nach Süd und von Ost nach West – alle zu den gleichen Konditionen kaufen. Ab wann starten wir mit unserer Zusammenarbeit?*"

Kapitel #27: Jetzt heben wir den Preis an

Wie Preise anheben? Bei dem Konkurrenzkampf? Ich verliere doch heute schon viele Aufträge, weil unser Preis zu hoch ist.

Die gute Nachricht: Verkäufer meinen immer, der Preis für die Produkte und Dienstleistungen sei besonders wichtig und stehe an erster Stelle. Stimmt aber nicht. Unsere Untersuchungen bestätigen, dass der Preis erst an fünfter Stelle folgt. Wichtiger sind: Qualität, Einhaltung der zugesagten Leistungen, Liefertreue, Loyalität.

Tatsache ist: die meisten Preiserhöhungen macht nicht der Markt, die Konkurrenz oder der Kunde kaputt, sondern sie *„werden im eigenen Unternehmen des Lieferanten zerstört"*. Davon zeigte sich Jochen Wenzel, Leiter Marketing der Knauf Gruppe (Baustoffe, 5 Mrd. Euro Umsatz), überzeugt.

Hinzu kommt noch, dass der größte Feind des Preises immer noch der Verkäufer ist. Dabei kann es doch so einfach sein. Ich brauche doch nur den Mehrwert, den Nutzen transportieren und dann klappt es auch mit dem Abschluss. Ist es tatsächlich so einfach?

Analysiere zuerst einmal die Marktposition deines Unternehmens:

- Was unterscheidet dich von der Konkurrenz? Was ist dein Alleinstellungsmerkmal (USP)?

- Welchen WERThaltigen Nutzen hat der Interessent, wenn er bei dir kauft?

- Welche Preise und Konditionen wirst du anbieten?

Fragt der Interessent nach dem Preis: *„Was kostet mich das?"* dann folgt in der Regel die Antwort: *„Die Anlage kostet 1.200 Euro."* Und damit stehen die Riesenziffern mitten im Raum und es erfolgt prompt die Antwort: *„Zu teuer!"*

Meine Antworten lauten:

1. *„Das kommt drauf an."*
   Dann kommt immer die Gegenfrage: *„Worauf kommt es an?"* *„Ja, Herr Kunde, es kommt auf die Bestellmengen, die Größen, die Liefertermine etc. drauf an."* Oder

2. *„Da komme ich gleich drauf zu sprechen, vorher habe ich noch zwei Fragen an Sie* (jetzt kommen noch Fragen aus der Bedarfsanalyse)..."* oder

3. *„Das ist eine Investition für Sie von lediglich 2 Euro pro Arbeitstag* (Leistung maximieren und Preise minimieren) *– die haben Sie ja sicher noch in Ihrem Budget!"* oder

4. *„Das ist eine Investition für Sie von zwölfhundert Euro und das sind pro Arbeitstag zwei Euro - die haben Sie ja sicher noch in Ihrem Budget!"*

Erkennst du den Unterschied? Was habe ich getan?

Ich spreche nicht von KOSTEN, sondern von einer *Investition*. Er investiert und er bekommt wieder etwas zurück.

Ich spreche nicht von Eintausendzweihundert Euro, sondern von zwei Euro pro Arbeitstag.

Ich spreche nicht von Eintausendzweihundert Euro, sondern nur von zwölfhundert Euro.

Ein Kunde kauft nie ein Produkt, sondern immer die damit verbundene Bedürfnisbefriedigung. Das können gute Gefühle, Problemlösungen, Träume, Wünsche, Erfüllung ihrer Sehnsüchte, Hoffnungen, sichtbare Erfolge im Business, Sorglosigkeit, Lebensqualität, Seelenfrieden, ein Vertrauensverhältnis ohne Enttäuschungsgefahr sein.

Um dahin zu kommen ist es ganz wichtig, in der Bedarfsanalyse die richtigen Power-Fragen stellen. Erst danach weißt du, auf was dein Gesprächspartner besonderen Wert legt. Nein, es sind nicht die Aussagen wie zum Beispiel: *„Der Wagen hat auch Automatik und Schiebedach."*

Das der Wagen eine Automatik hat, ist nur ein Produktmerkmal.

Der Vorteil für den Interessenten:
- *Automatisches Rauf- und Runterschalten.*

Der Nutzen:
- *Völlig entspanntes Fahren*
- *Volle Konzentration auf den fließenden Verkehr*

Dein Interessent verspricht sich doch nach dem Kauf eine Verbesserung eines IST-Zustandes, einen Gewinn. Warum interessiert sich ein Interessent für ein Telefon mit Anrufbeantworter? Weil er will, dass alle Anrufe bei ihm ankommen (oder negativ ausgedrückt: er will keinen Anruf verpassen). Hierin liegt doch sein Nutzen.

Der Kunde kauft also einen persönlichen Nutzen und bezahlt dafür mit der Investition. Dabei muss ihm der Nutzen höher erscheinen als die Investition. Ist die Wertsäule höher als der Preis, ist das Geschäft gelaufen. Ist die Preissäule höher als die Wertsäule, kommt der Hinweis: „Zu teuer."

Verteidige deinen Preis

Du gehst in ein Fernsehfachgeschäft, um dir einen von den neuen Flat-Screens zu kaufen. Nach der Präsentation sagst du zu dem Verkäufer: „Okay, den nehme ich, wenn Sie mir noch einen Rabatt einräumen von 10 Prozent."

Der Verkäufer: „Ja, gebe ich Ihnen - das Geschäft ist gemacht. Wir liefern immer dienstags und donnerstags nach Mainz-Gonsenheim, welcher Tag ist Ihnen angenehm?"

Du entscheidest dich für den Donnerstag (komisch: in USA heißt es immer „same day delivery", „same day cleaning" etc.) und verlässt das Fachgeschäft. Draußen vor der Tür beschleicht dich ein unangenehmes Gefühl:

1. „Hätte ich nicht gefragt, hätte ich zu viel bezahlt."
2. „Bei denen sind die Preise so überteuert, dass es für sie kein Problem ist, mit den Preisen nach unten zugehen."
3. „Sicher habe ich bei denen in der Vergangenheit immer zu viel bezahlt. Da gehe ich nicht mehr hin."
4. „Hätte ich 20 Prozent gefordert, dann hätte ich sicher 15 Prozent bekommen."

Resümee: Mit Preisnachlässen verlierst du Glaubwürdigkeit. Überleg dir, ob du tatsächlich mit dem Preis nach unten gehs.

Was du dem Kunden anbieten kannst:

Mengenrabatt
Bestellt der Kunde höhere Mengen, bekommt er einen Rabatt. Kostenvorteile durch höhere Lieferungen werden direkt weitergegeben.

Staffelrabatt
Ist eine Untervariante des Mengenrabatts. Der Kunde bekommt den günstigeren Preis für die größere Abnahmemenge nur für den Mengenanteil, der die Schwelle überschreitet.

Kürzeres Zahlungsziel
Gerade in der heutigen Zeit werden Zahlungsziele gerne mit 30 oder sogar 60 Tagen überzogen, um so die Liquidität im Unternehmen zu sichern. Überweist der Kunde schneller, gibst du den Zinsvorteil über ein Skonto dem Kunden weiter.

Naturalrabatt
Dass kennst du von der Autoindustrie. Da schenken sie dir die Klimaanlage im Wert von € 1.200 und der Händler selber bezahlt dafür nur € 150. Ich mache das mit meinen Büchern so. Jeder Teilnehmer bekommt ein Buch mit persönlicher Widmung.

Nichts
Du hast ein faires Angebot abgegeben und fair kalkuliert. Deine Kunden entrichten von Flensburg bis Garmisch und von Aachen bis Görlitz alle die gleiche Investition.

Kapitel #28: Zwei revolutionäre Ideen:

Heute unterbreite ich dir zwei revolutionäre Ideen und wenn du diese gelesen hast, wirst du sicher sagen: *„Jetzt spinnt der Hahn total!"*

Idee #1: Lass dir die Erstellung von Angeboten bezahlen.

Ein Handwerker berichtete mir auf einem Training, dass er Anfragen per Mail bekommt, die Unterlagen ausfüllt und dann per Mail wieder zurück schickt.

Meine Frage an ihn: *„Wie viele Angebote haben Sie in den letzten drei Monaten geschrieben?"*

Seine Antwort: *„So 30 bis 40 Stück waren das bestimmt."*

Meine Frage: *„Wie viele Aufträge haben Sie bekommen?"*

Seine Antwort: *„Keine."*

Meine Frage: *„Warum schreiben Sie denn Angebote?"*

Seine Antwort: *„Ich lebe von der Hoffnung."*

Angebote schreiben kosten Zeit und Geld. Ich habe Kunden, die bieten bestimmte individuell gefertigte Produkte an und dazu ist eine intensive Berechnung durch Vertriebsingenieure erforderlich. Das erfordert schon einen Aufwand von 1 bis 2 Tagen. Legen wir einen Stundensatz von € 80 zugrunde, dann beträgt der Aufwand für ein Angebot schnell € 1.500. Selbst wenn du in vielen Fällen copy and paste machst, wird ein kalkulatorischer Aufwand von € 200 immer zu berechnen sein.

Jetzt wirst du einwenden, dass Angebote im Regelfall unverbindlich sind und keiner deiner Mitbewerber die Angebotserstellung in Rechnung stellt etc.

Das sind doch gerade die Gründe, um mit der „Kostenlos-Mentalität" endlich aufzuhören. Schreib dem Anfrager: *„Gerne erstellen wir das Angebot für Sie für eine Pauschale von € 100, die wir mit dem Auftrag gerne verrechnen."*

Ich hatte zuletzt eine Anfrage von einem größeren Unternehmen und habe zurückgeschrieben: *„Gerne erstselle ich das Angebot für Sie – dafür berechne ich Ihnen einen Pauschalbetrag von € 1.000, die wir im Auftragsfall verrechnen. Damit ich die Rechnung erstellen kann, geben Sie mir bitte die Auftragsnummer bekannt."*

Die Antwort kam prompt: *„Wir haben kein Interesse an einer Zusammenarbeit."*

Anstelle des Angebotes habe ich 11 Geschäftsführer kalt akquiriert, fünf Termine gemacht und drei Aufträge erzielt. Ich finde, ich hätte viel Zeit verschenkt, wenn ich das Angebot geschrieben und mein Wissen noch kostenlos weitergegeben hätte. Du wirst mit dieser neuen Vorgehensweise auf der einen Seite einen Sturm der Entrüstung erzeugen und andererseits werden dir viele Partner auf die Schulter klopfen und sagen: *„Das ist der richtige Weg für die Zukunft."*

Idee #2: Beende die unsäglichen Preis- und Rabattaktionen. Vergiss Wörter wie Grundpreis, Lieferpreis, Standardpreis, Bester Preis, Listenpreis, Sonderpreis, Abgabepreis, Kaufpreis, Grundpreis etc. Es gibt ab sofort nur einen Verkaufspreis. Und der ändert sich nur, wenn ein bestimmtes Bestellvolumen erreicht wird.

Hierzu ein Beispiel aus der Praxis:

Das Unternehmen hat 20 Verkäufer und es werden Produkte an B2B-Kunden verkauft. Es wurden zwei Teams gebildet.

Team #1: 10 Verkäufer bekamen die Ansage, dass ab sofort jedes Produkt zum Verkaufspreis von € 100 verkauft wird – ohne irgendwelche Nachlässe, Rabatte etc.

Team #2: 10 Verkäufer bekamen die Ansage, dass der Verkaufspreis zwischen € 80 und € 100 liegt und sie zum besten Preis (Wunschpreis € 100) verkaufen sollten.

Das Ergebnis:

- Team #1 verkaufte fleißig zu € 100 zum regulären Verkaufspreis.

- Team #2 verkaufte zu einem Preis von € 80. Die Verkäufer haben in diesem Fall den Weg des geringsten Widerstandes gewählt und selbst bei € 80 hätte der eine oder andere Verkäufer noch gerne einen Rabatt gegeben.

Mit dieser Vorgehensweise zwingst du sogar alle Verkäufer im Unternehmen, sich intensiver mit der Nutzen-Argumentation auseinander zu setzen.

Es ist doch einfach zu argumentieren: *„Herr Kunde, unser Verkaufspreis bietet Ihnen die Sicherheit, dass alle den gleichen Preis bezahlen – von Flensburg bis Garmisch und von Aachen bis Görlitz. Wie wichtig ist das für Sie?"*

Beispiel CarMax, USA:

Das Thema will ich noch mit einem Beispiel untermauern, und zwar aus dem Gebrauchtwagenhandel. Das ist ja eine Branche, die gerade nicht den besten Ruf hat und trotzdem will ich dir von dem Beispiel berichten:

Das Unternehmen wurde 1993 gegründet in der Hoffnung, den Gebrauchtwagenmarkt in den USA neu zu erfinden: CarMax. Heute gehört dieses Unternehmen zu den umsatzstärksten Unternehmen auf der Liste der Zeitschrift *Fortune* und es verkauft mehr als 400.000 Fahrzeuge im Jahr.

Von Beginn an versuchte das Unternehmen, gegen bestehende Konventionen anzugehen: aufdringliche, geschniegelte Verkäufer, die den Kunden nur über den Tisch ziehen.

CarMax etablierte Festpreise für jeden Wagen, feilschen war ab sofort überflüssig. Das reduzierte die Angst der Kunden, von einem besser informierten Verkäufer ausgenommen zu werden. Darüber hinaus verdienen die Verkäufer bei CarMax, ihren Lohn ausschließlich durch Provisionen. Aber diese Provisionen basieren nicht auf den Preis des einzelnen Autos. Die Verkäufer erhalten beim Verkauf eines Kleinwagens dieselben Provisionen wie bei einer Limousine.

Das wiederum mindert die Angst, ein aufdringlicher Verkäufer könnte einem ein Auto verkaufen, das gut für sein Konto aber schlecht für die eigene Geldbörse ist. Und schließlich spuckt CarMax förmlich Informationen aus. Da jede Kundin selbst einen Bericht über das gewünschte Auto recherchieren kann, gibt CarMax diese Informationen kostenlos an seine Kunden raus. Sie bieten Garantien, Zertifikate und Gewährleistungen.

Dabei sitzen sich Verkäufer und Kundin nicht an einem Tisch gegenüber, sondern sie sitzen nebeneinander und schauen beide auf den Computer-Monitor. Sie kennen das sicher aus unseren Autohäusern: der Verkäufer schaut auf den Bildschirm und der Kunde auf die Rückseite des Bildschirms. Die Informations-Asymmetrie ist bei CarMax voll aufgehoben, das ist die Basis für eine Partnerschaft auf Augenhöhe.

Es wird nicht gehandelt. Transparente Provisionen. Informierte Kunden. An einem Samstag kamen über den Tag verteilt 8 Personen in ein Autohaus. Bei CarMax kamen 8 Personen in den ersten 15 Minuten des Samstag.

Vertrauen, Ehrlichkeit, Direktheit und Transparenz sind für die kommende Rolle extrem wichtig. Die Zeiten des Hardselling sind doch längst vorbei.

Kapitel #29: Acht Gründe, warum das Verkaufen über den Preis nicht funktioniert

So, du behauptest also, dass du gut im Verkaufen bist weil du einen guten Preis hast und der Preis noch weiter nach unten verändert werden kann? Damit du den Auftrag auch tatsächlich bekommst?

Über eins solltest du dir im Klaren sein: **Du verkaufst über den Preis**.

Hier kommen 8 Gründe, warum das Verkaufen über den Preis niemals funktionieren wird:

#1: Dein derzeitiger Preis (den du ja als ganz heißen Preis bezeichnest, weil er unter dem der Konkurrenz liegt) wird demnächst nicht mehr der niedrigere sein. Ja, einem deiner Konkurrenten steht das Wasser bis zur unterkante Unterlippe und wird seinen Preis radikal senken, um an Aufträge zu kommen. Dann senkst du ja sicher auch deinen Preis, oder?

#2: Interessenten und Kunden, die nur auf den Preis schauen, werden sofort zu einem anderen Lieferanten gehen, sobald der Preis noch niedriger ist.

#3: Wenn der Preis für einen Kunden entscheidend ist, dann schätzen sie den Wert nicht ein oder du hast keinen WERThaltigen Nutzen vermittelt.

#4: Ist der einzige Kaufgrund für deinen Kunden der niedrige Preis, dann zieh dich zurück. Verkaufen über den preis erfordert keinen Verkäufer. Eine Webseite reicht dazu allemal aus.

#5: Mit deinen niedrigen Preisen wirst du es niemals schaffen, dass das Unternehmen profitabel arbeitet und auch kein Geld da ist für künftige Investitionen.

#6: Dein Preisverhalten wird sich schnell im Markt rumsprechen – insbesondere die Tatsache, dass bei dir der Preis im Vordergrund steht. Deine Gesprächspartner empfangen dich schon gleich mit einem Preisgespräch.

#7: Verkaufen über den Preis bedeutet für viele deiner Kunden, dass du nie zum Listenpreis verkaufen wirst. Der einzige Grund, mit ihnen ins Geschäft zu kommen, besteht in der permanenten Reduktion deines Preises – heute, morgen und übermorgen.

#8: Kunden die bei dir wegen des Preises kaufen, werden nie den WERThaltigen Nutzen erkennen und fordern immer wieder von dir und deinem Unternehmen neue Varianten der Preisreduzierung.

Verkaufen über den Preis kommt einer Niederlage gleich. Auch wenn du jetzt in diesem Moment den Auftrag machst, verlierst du größere Geschäfte in der Zukunft.

Kapitel #30: Glaubst du an deinen Preis? Deine Augen verraten es!

Ich bin immer wieder überrascht, wie viele Verkäufer es nicht schaffen, ihrem Gesprächspartner direkt in die Augen zu schauen. Insbesondere bei der Preisnennung.

Sobald du bei der Preisnennung keinen Blickkontakt zu deinem Gesprächspartner hast, ist das die direkt Aufforderung, den Preis in Frage zu stellen. Du glaubst selber nicht an deinen Preis!

Erfahrene Kunden und gerade Einkäufer wissen das und beobachten dich ganz genau, sobald der Preis ins Gespräch kommt. Sie wissen sogar, wie sie ihren Blickkontakt so einsetzen, dass du deinen Preis verändern wirst.

Sobald dein Gesprächspartner eine Veränderung in deinem Blickkontakt feststellt, weiß er zwar noch nicht wie viel Nachlass du geben wirst. Er weiß nur, dass ein Nachlass in greifbare Nähe gerückt ist. Dein direkter und fehlender Blickkontakt drückt aus: *„Ich gebe dir gleich einen Nachlass!"*

Deswegen ist es wichtig, gerade diese Phase im Verkaufsprozess öfter zu üben. Ich garantiere dir, wenn du diese Übungen überstehst, dann wirst du auch in Zukunft mehr Profit erzielen. Und diese Vorgehensweise trägt dazu bei, dass du schneller Vertrauen aufbauen kannst.

Die allerbeste Übung kannst du vor einem Spiegel durchführen. Hört sich zwar blöd an, ist aber äußerst wirkungsvoll.

Wenn du weißt, dass du mit einem besseren Blickkontakt deine Abschlussquote signifikant nach oben bringen kannst – auf was wartest du noch?

Kapitel #31: Einwandbehandlung

„Das ist aber teuer!" – was dieser Einwand wirklich bedeutet und wie du ihn erfolgreich entkräftest.

Es ist einer der häufigsten Einwände im Verkauf, mit dem Verkäufer, Inhaber und Geschäftsführer immer wieder konfrontiert werden. Je nach Modulation kann die Aussage: *„Das ist aber teuer"* auch unterschiedliche Bedeutung haben.

"Das ist aber teuer!", bei dieser Aussage bekommen viele Verkäufer Panikattacken und reduzieren sofort den angebotenen Preis. Sie gehen davon aus, dass sie den Auftrag nur bekommen, wenn sie beim Preis nachgeben. Zusätzlich nehmen sie eine Minderung ihrer Marge in Kauf oder machen sogar ein Verlustgeschäft, völlig unnötig.

Die Aussage: *„Das ist aber teuer"* heißt doch nicht: *„Nur wenn du deinen Preis reduzierst, dann bestelle ich bei dir."* Das kann doch vieles bedeuten, einige Punkte habe ich hier für dich aufgelistet.

- Sie haben ein solches Produkt noch nie gekauft und völlig andere Erwartungen.
- Du hast ihnen noch nicht erklärt, welchen konkreten WERThaltigen Nutzen sie davon haben.
- Irgendwo haben sie das Produkt preiswerter gesehen
- Das ist weit außerhalb ihres Budgets.
- Sie vergleichen das mit einem anderen Produkt oder einer anderen Dienstleistung und sind der Meinung, dass dieses vergleichbar ist.
- Sie wissen nicht, welche Gefahren bestehen, wenn sie billig einkaufen.

- Sie haben schlechte Erfahrungen gemacht.
- Sie wollen sowieso bei einem anderen Lieferanten kaufen und nehmen dein Angebot nur, um den Preis zu drücken.
- Sie wollen nur wissen, wie weit du mit deinem Preis nach unten gehst.
- So viel wollten sie nun wirklich nicht ausgeben.
- Die Punkte, die dein Produkt so kostbar machen, sind ihnen einfach nicht geläufig.
- So viel haben sie noch nie ausgegeben.
- Sie sitzen am längeren Hebel und lassen dich das spüren.
- Sie starten jetzt einen Wettbewerb zwischen dir und deiner Konkurrenz.
- Du hast ihnen die Rolls-Royce-Lösung angeboten, obwohl sie nur den Mercedes brauchen.
- Sie sind ausschließlich Billig-Käufer.
- Als Einkäufer muss ich mich profilieren.
- Zeig mal was du kannst, du arroganter Verkäufer.
- Sie können dich nicht leiden.

Die gute Nachricht: Wenn du gut vorbereitet bist, kannst du mit diesen Aussagen gut umgehen. Und mit den anderen Punkten („*Sie kaufen nur billig*" und „*Sie starten einen Konkurrenz-Preiskampf*") solltest du dich in keiner Weise beschäftigen.

Die Schlüsselfrage ist doch, welcher dieser vorgenannten Punkte trifft direkt den Kern. Wirst du mit einer solchen Aussage: „*Das ist aber teuer.*" konfrontiert, dann lehn dich entspannt zurück und stell deinem Gesprächspartner eine der folgenden Fragen:

- „Wie meinen Sie das?"
- „Abgesehen von Ihrer Investition – welche weiteren Punkte sind für Sie wichtig?"
- "Gibt es außer Ihrem Hinweis noch etwas, was Sie daran hindert, mit mir jetzt ins Geschäft zu kommen?"
- "Was vergleichen Sie miteinander?"
- "Sehen Sie, das ist mit ein Grund, warum Sie bei uns kaufen sollten."
- "Auf welches Produkt bezogen?"
- "Was konkret meinen Sie damit?"
- "Was genau empfinden Sie als zu teuer?"
- "Wenn ich Sie richtig verstehe, die technische Seite ist soweit okay?"
- "Wenn ich Sie richtig verstehe, das Produkt überzeugt Sie?"

Damit kommst du den wahren Gründen näher. Mit dieser Vorgehensweise wirst du die wahren Wünsche und Bedürfnisse kennen lernen und dann bist du auf dem Weg zu einem profitablen Geschäft.

Hier kommt eine Zusammenfassung einiger Aussagen, die ich in Blogs und Büchern bereits geschrieben habe:

1. Der Preis allein ist kein Kaufgrund.
2. Der Preis ist ein Leistungsmerkmal wie jedes andere auch.
3. Deine innere positive **JA!-Einstellung** generiert eine positive Erwartungshaltung bei deinem Gesprächspartner.
4. Entscheidungen sind immer emotional (95%) und manchmal auch ein ganz klein wenig rational (5%).

5. Beim Verkaufsgespräch steht nicht das Produkt im Mittelpunkt, sondern der Prozess, der zwischen Kunde und Verkäufer psychologisch abläuft.
6. Aufträge verlierst du nicht an andere Unternehmen, sondern immer an bessere Verkäufer.

Ein Interessent/Kunde, der keinen Einwand bringt, ist an einem Kauf nicht interessiert.

Deswegen betrachte alle Einwände auch als Kaufsignale.

Noch ein Tipp: Viele Verkäufer antworten auf einen Einwand des Gesprächspartners mit: *"Ja, aber..."* Dein "Ja" signalisiert Zustimmung und mit dem *"aber"* gehst du auf Konfrontationskurs und heißt dann *"Nein!"* Sag stattdessen lieber *"Ja, und..."*

Einwand #1: Keine Zeit

1.0	**Keine Zeit**
01	Diesen Einwand kannst du vergessen, wenn du dem Gesprächspartner direkt nach der Begrüßung die Frage stellst: *„Herr Müller, darf ich direkt auf den Punkt kommen?"* oder *„Frau Kovac ist es okay für Sie, wenn ich direkt auf den Punkt komme?"*
02	*„Mal angenommen, Sie hätten Zeit, dann würden Sie sich doch fünf Minuten Zeit nehmen, um meine Informationen zu prüfen."*

Einwand #2: Wir haben einen Lieferanten

2.0	**Wir haben einen Lieferanten**
01	Henry Ford hat einmal gesagt: „Ich prüfe jedes Angebot, denn es könnte das Angebot meines Lebens sein. Prüfen Sie uns jetzt – mein Terminangebot ist Wochentag – Datum – Uhrzeit – wie sieht es da bei Ihnen aus?"
02	„Herr/Frau Kunde, unser Gespräch hat auf jeden Fall zwei Vorteile für Sie: entweder bekommen Sie die Bestätigung, dass Sie momentan einen akzeptablen Partner haben oder Sie bekommen ein Angebot für einen besseren zukünftigen Partner. Wie sieht es da in der kommenden Woche am Wochentag - Datum - Uhrzeit bei Ihnen aus?"
03	„Herr/Frau Kunde, das wäre auch wie ein 6er im Lotto gewesen, wenn Sie gesagt hätten, auf den (Ihr Name) hätten Sie den ganzen Tag gewartet. Nach unserem Gespräch kennen Sie dafür Spiel 77 mit Zusatzzahl. Wie sieht es bei Ihnen in der nächsten Woche aus?

2.0	**Wir haben einen Lieferanten**
04	„Herr/Frau Kunde, das spricht für Sie, dass Sie loyal zum jetzigen Lieferanten stehen und einen Partner für... und... haben. Dann macht es ja zusätzlich Sinn, sich zusammen zu setzen – Sie wissen ja der Markt ist in Bewegung und der alte...(Getty) ... sagte schon: Nur der Vergleich macht reich. Was spricht denn dagegen, dass Sie einfach mal vergleichen?"
05	„Ja, das weiß ich. Alle meine heutigen Kunden waren früher bei anderen Unternehmen und gerade gestern bestätigte mir ein Kunde, dass er nach meinem Angebot die richtige Entscheidung getroffen hat. Mittlerweile ist er seit drei Jahren ein zufriedener Kunde von mir. Sie können ihn auch gerne anrufen – die Nummer gebe ich Ihnen bei unserem Termin – wie sieht es da am Wochentag – Datum – Uhrzeit bei Ihnen aus?"

Einwand #3: Wir sind zufrieden mit unserer Lösung

3.0	**Wir sind zufrieden mit unserer Lösung/ Wir haben keinen Bedarf**
01	Übersetze *„Kein Bedarf"* mit: *„Wie profitiere ich von deinen Produkten und Dienstleistungen?"*.
02	*Ah, Herr/Frau... verstehe. Wenn Sie sagen: Sie haben keinen Bedarf, dann* • *weil Sie bereits gut versorgt sind oder* • *in dieser Richtung überhaupt nichts einsetzen?"* (Nicht fragen: *Wann darf ich mich wieder melden?*)
03	*Ah, verstehe, Sie haben andere Prioritäten. Was im Bereich X ist für Sie aktuell so relevant, dass Sie dafür gerne eine Lösung hätten?"*
04	*„Genau deswegen rufe ich an. Nur so können Sie einen direkten Leistungsvergleich machen. Wie sieht es mit einem 15-Minuten-Gespräch am Donnerstag, den 13. gegen 14 Uhr bei Ihnen aus?"*

3.0	**Wir sind zufrieden mit unserer Lösung/**
	Wir haben keinen Bedarf

05	„Woran haben Sie keinen Bedarf?"
	„An Ihrem Angebot."
	Variante 1: „Das ist ein Missverständnis, es gibt kein Angebot."
	Variante 2: „Darf ich das zitieren?"
	„Was meinen Sie mit zitieren?"
	„Wenn ich Sie richtig verstehe, sprechen Sie im Namen von Herrn „Chef" und damit im Namen der ABC-GmbH. Und ich finde es zitierwürdig, wenn die ABC-GmbH der Meinung ist, dass „ihr Nutzenversprechen" nicht interessant ist."

Einwand #4: Wir haben kein Interesse

4.0	**Wir haben kein Interesse**
01	„Was muss ich denn tun, um Ihr Interesse zu wecken?"
02	„Herr... danke, dass Sie so offen mit mir sprechen. Ich rufe ja auch nicht an, um Ihren derzeitigen Lieferanten abzulösen. Sind Sie offen für einige Ideen, über die Sie möglicherweise noch gar nicht nachgedacht haben?"
03	Umdeutung: „Bedeutet das, ich habe es noch nicht geschafft, Ihnen die Vorteile und den WERThaltigen Nutzen zu verdeutlichen?" „Ja, stimmt." „Dann lassen Sie uns ein Gespräch führen, mein Terminvorschlag ist Wochentag – Datum – Uhrzeit oder klappt es bei Ihnen bereits in der nächsten Woche?"
04	„Ist völlig okay Herr Müller. Ich rufe Sie heute auch nicht an, um Ihnen etwas zu verkaufen. Ich will nur herausfinden, ob meine Produkte/Dienstleistungen überhaupt für Sie in Frage kommen. Deswegen habe ich zwei Fragen an Sie:..."

Einwand #5: Sie sind zu teuer!

5.0	Sie sind zu teuer
01	„Oh, das erstaunt mich aber, Herr/Frau…, welche Leistungsmerkmale haben Sie denn konkret miteinander verglichen?"
02	„Wenn ich Sie richtig verstehe – das Produkt überzeugt Sie?"
03	„Weshalb sagen Sie das? Glauben Sie, dass die Qualität nicht stimmt? Welche Anforderungen müssten erfüllt sein, damit Sie sicher sein können, dass das Produkt den Preis wirklich wert ist?"
04	„Gibt es außer der Investition (das Wort PREIS vermeiden!) noch etwas, das Sie zögern lässt, jetzt von meinem Angebot zu profitieren?"
05	„Ah, ich verstehe, die Investition ist Ihnen wichtig. Was spricht sonst noch dagegen?"

5.0	**Sie sind zu teuer**
06	„Wer sagt das?"
07	„Warum?"
08	„Ah, ich verstehe, die Investition ist Ihnen wichtig. Was muss Ihnen diese Lösung konkret bieten, damit Sie sagen: Da ist die Investition natürlich gerechtfertigt?"
09	„Ah, ich verstehe. Haben Sie ein günstigeres Angebot für 1:1 dieselbe Lösung vorliegen?" „Ja, habe ich." „Nachdem Sie dieses günstigere Angebot trotzdem noch nicht angenommen haben, freue ich mich, dass Sie grundsätzlich mit mir zusammenarbeiten möchten (lächeln) – ab wann soll es denn losgehen?"
10	„Sagen Sie mir doch bitte, mit was vergleichen Sie dieses Angebot?"
11	„Sind Sie sicher lieber Kunde, dass wir hier nicht Äpfel mit Birnen vergleichen? Bietet der Wettbewerb Ihnen genau die gleichen Vorteile?"

5.0	**Sie sind zu teuer**
12	Verkäufer: *„Sprechen Sie vom Preis oder von den Kosten?"* Interessent: *„Nur vom Preis!"* *„Der Preis kümmert Sie nur ein einziges Mal; mit den Kosten müssen Sie sich aber herumschlagen, solange Sie das Produkt haben. Andere Produkte schlagen vielleicht unseren Preis, wenn es aber um die Kosten geht, gewinnen wir. Sie leben offenbar kostenbewusst. Gibt es also irgendeinen Grund, weshalb Sie nicht sofort von den denkbar günstigen Kosten profitieren sollten?"*
13	Freche Frage des Verkäufers: *„Wollen Sie denn was BILLIGES?"* Und wer will schon etwas Billiges? Preiswert? Ja. Aber nicht billig. Dagegen verwehrt sich der Kunde möglicherweise vehement … und Sie haben wieder ein paar Punkte im Preisgespräch gesammelt.
14	Freche Antwort des Verkäufers: *„Das habe ich extra für Sie gemacht."* Was Sie gemeint haben ist, dass Sie diesem Kunden nicht den billigen Ramsch anbieten wollten, sondern nur das Besondere, das seinen Ansprüchen auch gerecht wird.

5.0	**Sie sind zu teuer**
15	Freche Frage des Verkäufers: *„Und – werden Sie deshalb nicht kaufen?"* Statt den Einwand kleiner zu machen, macht ihn der Verkäufer größer. Er stellt quasi in der Raum, dass der Kunde aus diesem Grund nicht kaufen wird. Das wird manche Gesprächspartner verschrecken. Sie werden ihren Einwand abschwächen („Nein, so habe ich das ja nicht gemeint!") oder sogar ganz zurücknehmen.
16	Freche Frage des Verkäufers: *„Meinen Sie den Preis oder den WERT?"* Bekanntlich ist ja nichts zu teuer, sehr vieles aber zu wenig wert. Wenn Sie es schaffen den Wert aus Kundensicht zu erhöhen, wird der Preis oft kein Thema mehr sein.
17	Verkäufer: *„Wissen Sie wofür **teuer** steht? Toll, einzigartig, unvergleichbar, erlesen und richtig für Sie!"*
18	*„Wilhelm Busch hat schon gesagt: Bei genauer Betrachtung steigt beim Preis die Achtung!"*

5.0	**Sie sind zu teuer**
19	„Weiß ich, Frau Kästner, ich habe das Angebot so kalkuliert, dass für uns noch ein kleiner Gewinn übrig bleibt – das machen Ihre Verkäufer doch sicher auch so, oder?"
20	„Vielen Dank, dass sie das Thema so offen ansprechen, lassen sie uns gemeinsam eine Lösung finden – welche Leistung soll ich herausnehmen?"

Und immer dran denken:

Der Preis muss immer aus einer starken Position heraus genannt werden:

In dem Moment, in dem der Verkäufer den Preis nennt, stellt sich deutlich heraus, ob er ihn selbst für gerechtfertigt hält.

Seine Überzeugung, die rationalen und emotionalen Bedürfnisse seines Kunden abdecken zu können, und das Bewusstsein, dass sein Angebot mit den in Aussicht gestellten Vorteilen für den Kunden wertvoll ist, drückt sich mit dem, wie er es sagt in seiner Körpersprache sehr deutlich aus.

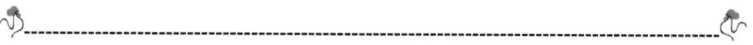

Einwand #6: Sie sind zu teuer – 8 Techniken, die immer funktionieren

6.0	Sie sind zu teuer – 8 Techniken, die immer funktionieren
01	**Informations-Methode:** „Womit vergleichen Sie den Preis?" „Was ist der Grund, dass Sie sich in erster Linie für den Preis interessieren?" „Was wünschen Sie sich in erster Linie von unserem Angebot?" Welche Punkte haben Sie exakt miteinander verglichen?
02	**Bumerang-Methode:** Nutze den Einwand als Aufhänger zur Nennung von Vorteilen und Nutzen: „Gerade weil Ihnen ein faires Preis- Leistungsverhältnis so wichtig ist, sollten Sie mir den Auftrag geben. Denn gerade bei der Programmerstellung gilt, nichts ist teurer als eine billige Lösung. Deswegen kommt es darauf an, das sauber programmiert wird. Und genau diese Sicherheit haben Sie bei uns. Wie wichtig ist es Ihnen der Qualitätsaspekt bei der Vergabe des Auftrages?

6.0	Sie sind zu teuer – 8 Techniken, die immer funktionieren
02	„Das wäre so richtig, wenn die von mir genannte Investition (nicht „Preis") nicht mehr als gerechtfertigt wäre durch ....!" „Gerade deshalb sollten wir einmal gemeinsam vergleichen, welcher Nutzen Ihnen durch mein Angebot im Vergleich zum Mitbewerb entsteht."
03	**Alternativ-Methode:** „Meinen Sie mein Angebot mit den von Ihnen geforderten Dienstleistungen, die Ihnen nur unser Unternehmen bieten kann, oder die abgespeckte Version?"
04	**Rückstell-Methode** Stell seine Frage zurück, bis dein Gesprächspartner den Nutzen des Gesamtangebotes erkannt hat: „Darf ich Ihre Frage noch einen Augenblick zurückstellen, damit ich vorher noch zwei entscheidende Punkte erklären kann?"

6.0	**Sie sind zu teuer – 8 Techniken, die immer funktionieren**
04	„Ich weiß, dass Sie ein scharfer Rechner sind und nicht die Katze im Sack kaufen sondern erst wissen wollen, was Sie für Ihr gutes Geld auch bekommen. Wenn das für Sie okay ist, stelle ich Ihre Frage zurück, damit wir gemeinsam untersuchen, was Ihnen mein Angebot im Vergleich zu Ihrer bisherigen Methode bringen kann, okay?"
05	**Erfahrungs-Methode** Nenn deinem Interessenten einen Kunden, dem die Investition anfänglich auch zu hoch erschien und jetzt Dauerkunde bei dir ist. „Ich erinnere mich gerade an einen guten Kunden, dem die errechnete Investition anfänglich auch zu hoch erschien. Daraufhin haben wir seine derzeitige Produktionsmethode, sowie seine Marketing- und Verkaufsaktivitäten, genau wie wir es jetzt tun, durchgerechnet. Gerade vor ein paar Tagen hat er mir bestätigt, dass er seinen Gewinn um……% gesteigert hat. Was halten Sie davon?"

6.0	Sie sind zu teuer – 8 Techniken, die immer funktionieren
06	**Plus-/Minus-Methode:** „Es ist richtig, dass unser… (Produkt/ Angebot) ein wenig höher in der Investition (nicht „Teuer") liegt, als das Ihres jetzigen Lieferanten. Wenn ich Sie vorhin richtig verstanden habe, sind Sie vor allem an… interessiert. Und, wie Sie sich selbst überzeugen können, ermöglicht Ihnen… (Präsentation von Nutzen mit Glaubensbeweisen)."
07	**Verzicht-Methode:** „Dass Sie jetzt befürchten die Lösung passt nicht in Ihr Budget kann ich gut verstehen, denn schließlich müssen Sie ja auch kalkulieren. Gibt es denn außer dem Preis noch etwas was Sie zögern lässt? Nein - gut, dann lassen Sie uns doch einfach mal schauen, auf was Sie bei der Lösung verzichten möchten…"
08	**Emotionale Methode:** „Diese Ansicht habe ich schon wiederholt von Gesprächspartnern gehört, die unser Angebot noch nicht kannten. Nachdem wir jedoch gemeinsam deren Produktions- und Verkaufsmethoden kritisch durchleuchtet hatten, haben sie umgestellt. Erwartungsgemäß sind sie Dauerkunden geworden. Deshalb schlage ich vor: …"

Einwand #7:   Was können Sie am Preis noch machen?

7.0	**Was können Sie am Preis noch machen?**
01	*„Ah, da höre ich raus, dass die Investition (nicht „der Preis") für Sie eine Rolle spielt – welche weiteren Punkte sind für Sie auch noch interessant/wichtig?"*
02	*„Ah, Herr/Frau…, da höre ich raus, dass alle anderen Punkte soweit Ihre Zustimmung finden. Ist das richtig?"*
03	*„Gibt es – außer Ihrem Hinweis zur Investition noch etwas, was uns davon abhält, jetzt ins Geschäft zu kommen?"* *„Nein, es ist nur der Preis!"* *„Das heißt also, wenn ich Ihnen aufzeige, dass die Investition und die Leistung wirklich stimmen und Sie mit unserem Produkt super fahren, dann nehmen sie es, ist das richtig?"*
04	*„Bitte helfen Sie mir, ich verstehe noch nicht ganz, warum Sie den Preis in erster Linie sehen und nicht die verbesserte Wirtschaftlichkeit, die Ihnen aus meinem Angebot entstehen kann?"*

7.0	**Was können Sie am Preis noch machen?**
05	*„Welches sind Ihre Bedenken, mir jetzt den Auftrag zu erteilen?"*
06	*„Was würde passieren, wenn Sie mir den Auftrag heute erteilen?"*
07	*„Was können Sie am Preis noch machen?"* Bedeutet diese Frage wirklich, dass der Fragesteller meint, der Preis müsste gesenkt werden? Wir lassen den Preis und erhöhen den Preis, indem wir den WERT erhöhen durch eine Zugabe oder Mehrleistung. Das hat für dich als Verkäufer den großen Vorteil, dass die Mehrkosten dafür geringer sind, als die Wertsteigerung bzw. der Zusatznutzen für den Interessenten.

7.0	**Was können Sie am Preis noch machen?**
07	Verkäufer: „*Was soll ich noch dazugeben?*" Mit dieser Frage unterstellst du, dass dein Interessent offen ist für eine Mehrleistung anstelle einer Preisreduzierung. Verkäufer: „*Wir können darüber reden, den Preis zu senken oder wir suchen nach Möglichkeiten, den WERT für Sie zu erhöhen – was meinen Sie?*" Das ist die etwas sanftere Variante (im Vergleich zur vorherigen), den Kunden zugunsten einer Mehrleistung vom Gedanken der Preisreduktion abzubringen.
08	„*Herr Kunde, der Preis beschäftigt Sie nur ein einziges Mal – und zwar heute. Doch die Qualität wird Sie über die gesamte Lebensdauer des Produktes beschäftigen. Viel zu oft - so werden Sie sich erinnern - hat bei billigeren Produkten später die mangelnde Qualität Ihnen nur Ärger, Frust und Mehrkosten verursacht. Ist es deshalb nicht besser, etwas mehr zu bezahlen, als Sie erwartet haben, als etwas weniger zu zahlen? Wie sehen Sie das?*"

7.0	**Was können Sie am Preis noch machen?**
09	Frage 1: *„Wenn SIE sich selber davon überzeugen könnten (Achtung: Sag nicht „Wenn **ich** Sie überzeugen könnte" – dies baut Widerstand auf!), dass der Preis mehr als anständig, fair und marktgerecht ist, hätten Sie dann etwas dagegen, sich für diesen Kauf zu entschließen?"* *Antwortet er wieder mit einem „Ja", frag ihn:* Frage 2: *„Ihnen lässt offensichtlich der Preis keine Ruhe. Deshalb möchte ich sicherstellen, dass wir uns richtig verstehen. Machen Sie sich wirklich Gedanken um den Preis oder eher über die Kosten?"* Höchstwahrscheinlich wird Ihr Kunde nun sehr erstaunt reagieren: *„Preis oder Kosten? Was ist denn der Unterschied?"* Jetzt beginnst du mit der Argumentation der *Investition*.

7.0	**Was können Sie am Preis noch machen?**
10	„Herr/Frau xyz, ich bin seit x-Jahren im Verkauf tätig und die Frage nach dem Preis wird in letzter Zeit immer weniger gestellt. Für meine Kunden ist folgendes wichtig: 1. erstklassige Qualität, 2. ein exzellenter Service 3. eine kompetente Zuverlässigkeit und 4. ein attraktives Preis-/Leistungsverhältnis. Was ist für Sie besonders wichtig?"

Einwand #8: Was können Sie am Preis noch machen?
            Sag einfach: „NEIN!"

8.0	Was können Sie am Preis noch machen? Sag einfach: *„Nein!"*
01	**Variante 1:** Verkäufer: „An der Investition kann ich nichts mehr tun. Ich hatte Ihnen auf der Basis Ihrer Anfrage einen absolut faires Angebot unterbreitet." Verkäufer sollten sich viel öfter trauen, auch einmal nein zu sagen. Allerdings ist dieses Nein in dieser Phase zu früh. Denn es besteht die Möglichkeit, dass der Kunde jetzt ebenfalls aussteigt.
02	**Variante 2:** Verkäufer: *„Also gut, in diesem Fall räume ich Ihnen einen Sonderbonus von x% ein."* Das kann funktionieren, birgt aber die Gefahr, dass der Kunde weiter verhandelt oder den reduzierten Preis noch einmal zum Anlass nimmt, mit dem Wettbewerb zu sprechen. Die beste aller Möglichkeiten an dieser Stelle ist eine andere. Bevor du irgendetwas in Richtung Preisnachlass unternimmst, solltest du zunächst einmal ausloten, wie weit dein Interessent zum jetzigen Zeitpunkt gehen will.

8.0	**Was können Sie am Preis noch machen?**
	Sag einfach: „*Nein!*"

02	**Abschlussvorbereitende Frage 1:**
	Verkäufer: *„Können Sie sich denn – abgesehen von der Investitionssumme – vorstellen, dass wir zusammenkommen?"*
	Wie wahrscheinlich ist es, dass der Interessent auf diese Frage negativ antwortet? Nicht sehr wahrscheinlich. Der Kunde wird in den meisten Fällen sagen:
	Interessent: *„Ja, das kann ich mir vorstellen."*
	Was passiert jetzt in diesem Moment? Richtig, der Kunde stellt sich jetzt bildlich vor, das Geschäft mit dir abzuschließen. Und das bringt uns ein wenig näher an den tatsächlichen Abschluss.
	Abschlussvorbereitende Frage 2:
	Es gibt eine wichtige Grundregel für alle Preisverhandlungen: Verhandle erst alle Nebenkriegsschauplätze, bevor du final über den Preis sprichst.

8.0	**Was können Sie am Preis noch machen?**
	Sag einfach: *„Nein!"*
02	Warum ist das so wichtig? Eine beliebte Taktik von Einkäufern besteht darin, zunächst einen Nachlass beim Preis auszuhandeln und dann weitere Nebenbereiche zu verhandeln. Beispiel: Liefer- und Zahlungskonditionen.
	Eine Möglichkeit, den Spieß einfach umzudrehen:
	Verkäufer: *„Sind wir denn – abgesehen von der Investition – einig, oder gibt es noch weitere Punkte, die wir klären müssen?"*
	Oder:
	„Gibt es außer dem Preis noch etwas, was Sie davon abhält, mit mir das Geschäft heute abzuschließen?"
	Wenn der Interessent jetzt weitere Punkte anspricht, die ebenfalls noch offen sind, solltest du zunächst über diese Punkte sprechen.
	Verkäufer: *„Herr Müller, dann sollten wir zuerst über diese Punkte sprechen, damit wir abschließend auch fair über den Preis reden können."*

8.0 Was können Sie am Preis noch machen?

Sag einfach: „Nein!"

02 Mit dieser Vorgehensweise steigt die Chance, den Vertrag zeitnah abzuschließen, schließlich wartet dein Verkaufsleiter auf den Auftrag. Denn indem wir alle offenen Punkte vor der abschließenden Preisverhandlung klären, nehmen wir dem Kunden gleichzeitig die Möglichkeit, sich am Ende des Gesprächs noch einmal zu vertagen.

Wenn der Kunde diese Frage eher halbherzig bejaht, sollte der Verkäufer ruhig noch einmal nachhaken:

Verkäufer: *„Also der Termin, die Zahlungs- und Lieferbedingungen sind okay und abgehakt?"*

Du wirst natürlich nicht in jedem Fall ein klares Ja bekommen, aber in den Fällen, wo der Kunde sich darauf einlässt, bist du dem Abschluss ein Stück näher gekommen.

Abschlussvorbereitende Frage 3:

Wenn du alle offenen Punkte außer dem Preis besprochen und geklärt hast, stellst du folgende Frage:

Verkäufer: *„Also angenommen, wir finden bei der Investition eine Lösung, machen wir beide heute den Abschluss?"*

8.0	**Was können Sie am Preis noch machen?** **Sag einfach:** *„Nein!"*
02	Du wirst überrascht sein, wie häufig du hier ein Ja bekommst. Und fürchte nicht, dass der Kunde mit „Nein" antwortet, denn das Ziel dieser Frage ist es nicht, auf ein Ja zu spekulieren, sondern überhaupt eine Antwort zu erhalten.

Einwand #9:   Was kostet das denn?

9.0	Was kostet das denn?
01	„Das kommt drauf an!" „Worauf?" „Auf die Ausstattungsvarianten, den Lieferrhythmus, die Bestellmenge etc. Meine Bitte: ich habe noch zwei Fragen an Sie und danach sage ich Ihnen ganz konkret, welche Investition für Sie erforderlich ist, okay?"
02	„Herr Müller, wenn es nicht genau das ist, wonach Sie suchen, ist es für Sie kostenlos!"
03	„An welche Bestellmenge denken Sie?"
04	„Wenn wir jetzt gleich über Ihre Investition sprechen, sollten wir dabei auch die Einsparungen berücksichtigen, die sich für Sie ergeben..."

Einwand #10: Das gibt es beim Discounter/Großhändler € 300 günstiger

10.0	**Das gibt es beim Discounter/Großhändler € 300 günstiger**
01	Interessent: *„Das bekomme ich beim Discounter € 300 günstiger!"* Verkäufer: *„Gut dass Sie das ansprechen Herr Sonntag, ich kenne dieses Angebot ebenfalls. Wenn ich Sie richtig verstehe möchten Sie wissen, was Sie bei mir für die zusätzlichen € 300 auch wirklich zusätzlich erhalten – ist das so?"* Interessent: *„Ja, genau, das möchte ich wirklich wissen – da bin auf Ihre Argumente gespannt."*
02	*„Herr/Frau ...., egal welche Unterschiede bestehen, der Preis wird zuerst verglichen. Aber das Problem dabei ist, dass nie Äpfel mit Äpfeln verglichen werden. Deswegen mein Vorschlag: Senden Sie mir das Ihnen vorliegende Angebot zu und ich werde Ihnen konkret sagen, worin die Unterschiede bestehen."*

10.0	**Das gibt es beim Discounter/Großhändler € 300 günstiger**
03	„Wenn Sie mit dem anderen Angebot ein besseres Geschäft machen, werde ich Ihnen das sagen. Wenn ich allerdings herausfinde, dass wir bessere Leistungen anbieten und deswegen einen anderen Preis angeboten haben, werde ich Ihnen diese Leistungen konkret benennen. Sie entscheiden dann, auf welche Leistungen Sie verzichten wollen. Egal welchen Weg wir gehen – Sie gewinnen auf jeden Fall. Was halten Sie von meinem Vorschlag?"

Einwand #11: Wie du die Investition mit deiner Gewinnspanne begründest

11.0	**Wie du die Investition mit deiner Gewinnspanne begründest**
01	Viele Kunden versuchen immer wieder, einen Preisnachlass auszuhandeln. Sie begründen dies mit der absurden Idee, dass der Preis deswegen so hoch ist, weil die Gewinnspanne des Unternehmens so hoch ist. Dein Stolz auf deinen Preis verlangt, dass du entschlossen und mit Selbstrespekt antwortest, weil du einen Anspruch auf Gewinn hast.
02	*„Ja, unser Preis beinhaltet auch eine vernünftige Gewinnspanne. Unser Gewinn ist Ihre Versicherung, dass wir weiterhin in diesem Geschäft aktiv sind und Service und Wartung während der Lebenszeit unserer Produkte garantieren. Wie wichtig ist das für Sie?"*
03	*„Ich glaube, Sie stimmen mir zu, dass es doch keinen Sinn macht, einen Auftrag ohne eine Gewinnspanne zu bekommen. Wie hoch ist Ihr Vertrauen in ein solches Unternehmen, das auf diese Weise Geld verliert?"*

11.0	**Wie du die Investition mit deiner Gewinnspanne begründest**
04	„Sie wissen doch besser als ich, dass ein vom Unternehmen gewährter Rabatt irgendwo kompensiert werden muss. Sollen wir bei der Garantie etwas abzwacken? Sollen wir vom Service etwas abzwacken, gerade wenn Sie ihn mal dringend benötigen? Oder sollen wir unseren Lagerbestand reduzieren und somit die Wartezeit für Ersatzteile erhöhen? Ich glaube nicht, dass Sie der Meinung sind, wir sollen einen von diesen Punkten so handhaben. Sehe ich das richtig?"
05	„Sie sehen, wenn Sie dieses Produkt kaufen, machen wir einen Profit. Aber wir machen den Profit nur einmal. Ihr Profit mit dem Produkt wird permanent sein. Sie benutzen dieses Produkt über mehrere Jahre, und jedes weitere Jahr kommt Ihrem Profit zugute. Über welche Nutzungsdauer denken Sie gerade nach?"
06	„Profit muss sein, Herr Zimmermann. Wir benötigen den Profit, um die Gehälter der Mitarbeiter zu bezahlen, in die Aus- und Weiterbildung der Mitarbeiter und in die Entwicklung neuer Produkte. Das ist doch in Ihrem Unternehmen auch so. Wenn Sie auf den Profit verzichten, wird die Todesspirale einsetzen, und die endet immer mit der Insolvenz. Wir sind bekannt dafür, dass wir über eine sehr hohe Kundenloyalität verfügen. Wie wichtig sind diese Punkte für Sie?"

Einwand #12: Wir haben kein Geld dafür

12.1	Wir haben kein Geld dafür
01	Übersetze „Kein Geld" mit: „Zeige mir, wie dein Produkt oder dein Service sich selbst bezahlt macht".
02	**Der falsche Weg mit Vorwänden umzugehen:** Gesprächspartner: „Wir haben derzeit kein Geld dafür." Verkäufer: „Kein Problem, wir bieten unterschiedliche Finanzierungsvarianten an, kommt für Sie eine Laufzeit von 36 oder 60 Monaten in Frage – und dann mit oder ohne Einmalzahlung zu Beginn?" **Der richtige Weg mit Vorwänden umzugehen:** Gesprächspartner: „Wir haben derzeit kein Geld dafür." Topp-20%-Verkäufer: „Ah, ich verstehe. Es geht hier auch nicht um Geld. Es geht um den künftigen strategischen Ansatz einer Zusammenarbeit, sobald das Thema für Sie interessant wird. Um Ihnen die richtigen Informationen mitzubringen, habe ich noch zwei Fragen an Sie, ist das soweit okay?"

12.1	**Wir haben kein Geld dafür**
02	Du erkennst den Unterschied? Sobald Vorwände auftauchen, solltest du deine Einwandbehandlung vergessen. Nachdem du deine Fragen gestellt hast (ist die Qualifizierung des Interessenten) fragst du noch nach dem Termin (Terminmantra: *„Mein Terminvorschlag ist Wochentag, Datum – Uhrzeit oder geht es bei Ihnen bereits in der kommenden Woche?")* – das ist alles.
03	Eine Formulierung kann sein: „Herr Kunde, die gleiche Situation stellte sich uns auch bei anderen Kunden und wurde von uns folgendermaßen gelöst ……..". Jetzt bringst du die Lösung: „Herr Kunde, ich saß vor kurzem bei einem anderen Kunden, der ähnliche Bedenken hatte wie Sie und wir haben es folgendermaßen gelöst ……." Auch jetzt kannst du deinem Interessenten eine sinnhafte Lösung präsentieren.

Einwand #13: Wir haben bessere Angebote von der Konkurrenz vorliegen

13.0	**Wir haben bessere Angebote von der Konkurrenz vorliegen**
01	*„Ist denn bei der Konkurrenz auch die erste Wartung im Preis enthalten?"*
02	*„Hat die Konkurrenz auch Referenzkunden benannt?*
03	*„An welchen Punkten machen Sie die Vergleichbarkeit fest?"*
04	*„Was für ein Konzept hat die Konkurrenz angeboten?"*
05	*.„Wie stellt die Konkurrenz sicher, dass…?"*
06	*„Welche Nebenkosten sind enthalten?"*
07	*„Welche Lieferbedingungen bietet die Konkurrenz an?"*
08	*„Welche Zahlungsbedingungen bietet die Konkurrenz an?*

13.0	**Wir haben bessere Angebote von der Konkurrenz vorliegen**
09	„Welche Erfahrungen haben Sie bisher mit diesem Anbieter hinsichtlich Qualität und Zuverlässigkeit gemacht?"
10	„Macht Sie der große Preisunterschied nicht stutzig?"
11	„Sie sprechen von einem lukrativen Gegenangebot. Wir hatten bereits vereinbart, dass Sie bei unserer Lösung von einer Stromersparnis von über XY Euro im Jahr profitieren – bei den jetzigen Strompreisen. die kommenden Erhöhungen noch gar nicht eingerechnet. Wie hoch fällt die Ersparnis beim Gegenangebot aus...?"
12	**Der Rat des erfolgreichen Verkaufsprofis:** Betrachten Sie die Sache doch einmal von der anderen Seite Ihr Preis wird bestimmt durch die Summe der Leistungen, die Ihr Kunde hierfür bekommt. Machen Sie also, wenn Sie mit einer Rabatt-Forderung konfrontiert werden, Folgendes: Führen Sie zunächst noch einmal auf, was der Kunden für den eben genannten Preis alles bekommen würde.

13.0	**Wir haben bessere Angebote von der Konkurrenz vorliegen**
12	Da er aber einen niedrigeren Preis wünscht, ziehen Sie nun eine Leistung ab. Betonen Sie dabei ausdrücklich, was Sie weglassen. Der Trick hierbei: Im Gehirn Ihres Kunden haben Sie durch die Aufzählung ALLER Leistungen verankert: „Das gehört schon alles Dir!" Nun aber nehmen Sie ihm etwas weg. Und – sofern es stimmt – verweisen Sie darauf, dass es genau dieses Extra ist, das beim Wettbewerb fehlt. Damit haben Sie der bei Kunden beliebten Killerphrase *„Der Wettbewerb ist aber 15 % billiger"* gleich auch noch den Wind aus den Segeln genommen.
13	*„Herr Müller, egal mit wem Sie heute sprechen, irgendjemand wird ihnen erzählen, dass er einen solchen Artikel irgendwo preisgünstiger bekommt. Die gute Nachricht bei uns: von Flensburg bis Garmisch und von Aachen bis Görlitz – alle unsere Kunden bezahlen den gleichen Preis. Wie wichtig ist diese Preisstabilität für Sie?"*

13.0	Wir haben bessere Angebote von der Konkurrenz vorliegen
14	„Frau Schlosser, wenn wir beide uns ans System setzen und eine professionelle Suche starten, werden wir mit Sicherheit jemanden finden, der noch den Preis unterbietet, den Sie derzeit vorliegen haben. Die Frage ist nur: was bringt ihnen ein Partner, dem möglicherweise das Wasser bereits bis zur Oberkante Unterlippe steht? Worauf legen Sie denn als (Einkäufern, Werksleiterin etc.) besonderen Wert – was ist für Sie wichtig?"

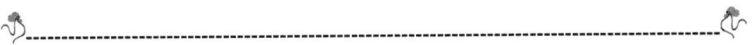

Einwand #14: Schicken Sie uns vorab Unterlagen

14.0	Schicken Sie uns vorab Unterlagen
01	„Sehr gerne, was soll ich in die Unterlagen hineinschreiben, damit es für Ihre Entscheidung hilfreich ist?"
02	„Sehr gerne Herr/Frau..., ich habe hier eine PDF-Datei mit 124 Seiten und eine PowerPoint-Datei, welche davon hätten Sie denn gerne?"
03	„Für Sie steht ein äußerst überzeugendes Informationspaket bereit. Es wiegt rund 100 kg, ist 1,88 m lang und heißt (dein Vorname). Wann soll ich bei Ihnen eintreffen?"
05	„Ich würde es gerne per Post schicken, aber Sie wissen ja, wie das mit der Post heutzutage ist. Warum bringe ich es Ihnen nicht persönlich heute bereits am Nachmittag vorbei?" „In Ordnung, dann bringen Sie es vorbei." „Sind Sie gegen 15 Uhr im Haus?" „Ja." „Prima, Herr Müller, dann bringe ich die Unterlagen persönlich zu Ihnen – bis heute Nachmittag."

Einwand #15: Warum soll ich bei Ihnen kaufen?

15.0	**Warum soll ich bei Ihnen kaufen?**
01	*„Ja, Herr Bierhoff, das ist eine legitime Frage.* *Ich könnte jetzt sagen, dass wir größer, schneller, schöner und besser sind. Was ich für viel wichtiger halte ist doch die Frage, was Sie besonders interessiert, wenn Sie einen neuen Lieferanten bekommen.* *Erzählen Sie mir etwas über Ihren besten Partner und was zeichnet diesen aus und worauf legen Sie besonderen Wert?"*

Einwand #16: Wir warten noch auf drei weitere Angebote

16.0	**Wir warten noch auf drei weitere Angebote**
01	Viel zu viele Interessenten und Kunden verbringen Stunden damit, Angebot einzuholen und dann den Vergleich zu starten. Warum investieren diese Unternehmen so viel Zeit, um am Ende einige wenige Prozente zu sparen? *„Herr Kunde, haben Sie nicht selbst schon oft erlebt wie mühsam es sein kann, Angebote einzuholen und zu vergleichen und wie erleichtert man ist, wenn man dann die – hoffentlich richtige – Entscheidung getroffen hat?"* Mit dieser Art der Einwandbehandlung gibst du deinem Gesprächspartner die Chance, sich diese Mühe zu ersparen und den Entscheidungsweg abzukürzen. Wenn er den Wert seiner Zeit berechnet, rechnet sich der weitere ausführliche Angebotsvergleich auch nicht für ihn.
02	*„Ich verstehe das, offensichtlich gibt es noch Fragen zu unserem Angebot - welche Fragen sind von Ihrer Seite noch offen?"*
03	*„Nach welchen Kriterien vergleichen Sie die Angebote?"*

16.0	**Wir warten noch auf drei weitere Angebote**
04	„Bis wann werden Sie die Angebote der Kollegen geprüft haben?" Interessent: *„Bis Ende der Woche liegt alles vor."* Verkäufer: *„Prima, da rufe ich Sie Ende dieser Woche noch einmal an, um die weitere Vorgehensweise mit Ihnen zu besprechen, ist das okay für Sie?"*

Einwand #17: Ihr Angebot ist in der engeren Wahl

17.0	Einkäufer: *„Lieber Herr Verkäufer, nachdem wir nun alle uns gemachten Angebote miteinander verglichen haben, ist Ihres in die engere Wahl gekommen."*
01	**Was passiert psychologisch betrachtet?** Mit dieser Äußerung erweckt der Einkäufer bei dir eine positive Erwartungshaltung. *„Sie haben gute Chancen, den Auftrag zu bekommen."* **Vorsicht:** Der Pferdefuß wird dir umgehend präsentiert! Indem der Einkäufer dann nämlich ergänzt: *„Aber über Ihren Preis müssen wir uns noch einmal unterhalten!"* Die Folge: In der „positiven Grundstimmung" lassen sich nun viele Verkäufer auf eine Preisverhandlung ein. Zu einem viel zu frühen Zeitpunkt! Und, was noch fataler ist, sie liefern mit solchen Fragen • *„An was denken Sie denn?"* • *„Wo liegen denn Ihre preislichen Vorstellungen?"* • *„Was muss ich tun, um dahin zu kommen, dass ich den Auftrag bekomme?"* dem qualifizierten Einkäufer eine Steilvorlage. Auf die folgt totsicher diese oder eine sehr ähnlich klingende Aussage:

17.0	**Einkäufer:** *„Lieber Herr Verkäufer, nachdem wir nun alle uns gemachten Angebote miteinander verglichen haben, ist Ihres in die engere Wahl gekommen."*
	„Als Verkäufer kennen Sie doch Ihre Kalkulation. Nutzen Sie Ihren Spielraum. Das sage ich Ihnen ganz ehrlich: Am Preis muss sich deutlich was ändern. Also, wie viel bieten Sie?" Der psychologische Effekt, den sich der Einkäufer davon erhofft, ist, dich als Verkäufer zu verunsichern. Denn was tun viele Verkäufer in dieser Situation? Um den Auftrag nicht zu verlieren, bieten sie einen deutlichen Nachlass an. So ganz nach dem Motto: *„Ich kann Ihnen auf unser Angebot noch einen Rabatt von 5 % anbieten."* **Das Problem:** Ein geschulter Einkäufer wird sich damit nicht zufrieden geben. Wer 5 Prozent so freiwillig *„herausrückt"*, gibt auch mehr! Also geht das Spielchen weiter und Sie bekommen zu hören: *„Na ja, ich sagte schon, Ihre Chancen auf den Auftrag sind ja nun wirklich gegeben. Aber mit nur 5 % kommen wir nicht zusammen..."* **Was passiert in den meisten Fällen in solchen Preisverhandlungen?** Der Verkäufer sieht seine Chancen schwinden und bessert nach. Er bietet einen zusätzlichen Spezial-Rabatt von zum Beispiel 3 % und erklärt dem Einkäufer, dass das ja dann schon 8 % wären, was wirklich ein tolles Angebot ist.

17.0	Einkäufer: *„Lieber Herr Verkäufer, nachdem wir nun alle uns gemachten Angebote miteinander verglichen haben, ist Ihres in die engere Wahl gekommen."*
	Und was macht der Einkäufer? Der lässt dich schmoren – hat er dich doch genau dort, wo er dich hinhaben wollte: *„Okay, dann weiß ich Bescheid. Ich werde mir die Sache überlegen. Rufen Sie mich doch morgen Nachmittag an."* **Und was passiert bis dahin?** Genau. Mit deinem Angebot in der Tasche wird der Einkäufer nun die anderen Anbieter unter Druck setzen. Die Todesspirale nach unten ist in Gang gekommen. Und ob du den Auftrag wirklich bekommst – und dann auch noch zu vertretbaren Konditionen – ist mehr als ungewiss.
02	**Doch wie sieht die Lösung aus?** Erinnere dich an den Einstieg des Einkäufers: Er hat dir signalisiert, dass du gute Chancen hast, den Auftrag zu bekommen, aber du musst leider, leider noch etwas am Preis machen. Statt nun gleich die 5 Prozent nachzugeben, wie im Einstiegsbeispiel, antwortest du mit einer *„Testfrage"*: *„Herr Einkäufer, entspricht denn - abgesehen von der Investition - das Produkt exakt Ihren Vorstellungen?"*

17.0	**Einkäufer:** *„Lieber Herr Verkäufer, nachdem wir nun alle uns gemachten Angebote miteinander verglichen haben, ist Ihres in die engere Wahl gekommen."*

Hat der Einkäufer ein ehrliches Kaufinteresse, wird er bejahen. Nun treibst du das Spiel weiter und fragst:

„Nur um sicher zu gehen: Sind, natürlich mit Ausnahme der Investition, aus Ihrer Sicht auch alle anderen Fragen geklärt, also Zahlungsmodalitäten, Bestellvolumen, Lieferzeitpunkte usw.?"

Mit dieser Frage nimmst du dem Einkäufer die Möglichkeit, nachträglich noch weitere Zugeständnisse auszuhandeln.

Jetzt schlägst du zu:

Statt dich auf Preisverhandlungen einlassen zu müssen, **ergreifst du die Initiative:**

„Wir werden natürlich auch noch einmal über die Investition sprechen, Herr Einkäufer, lassen Sie uns aber zusätzlich einmal die offenen Punkte bezüglich der Rahmenbedingungen abklären, damit wir dann eine wirkliche Grundlage für ein Preisgespräch haben!"

17.0	Einkäufer: *„Lieber Herr Verkäufer, nachdem wir nun alle uns gemachten Angebote miteinander verglichen haben, ist Ihres in die engere Wahl gekommen."*
	Wenn der Kunde sich hierauf nicht einlässt, kannst du davon ausgehen, dass er nicht wirklich ernsthaft daran denkt, dir den Auftrag zu erteilen! Wenn er aber Interesse hat und sich darauf einlässt, solltest du jetzt zunächst die offenen Punkte durchgehen und so eine sichere Verhandlungsbasis schaffen! Sind alle Punkte geklärt, fasst du zusammen: *„Haben wir nun alle Punkte – bis auf die Investition – geklärt?"* Der Kunde wird in dieser Phase der Verhandlungen - immer ehrliches Kaufinteresse vorausgesetzt - die Frage bejahen. Deine nächste Frage wird zur Schlüsselfrage: Du versuchst nun, **einen eventuellen Nachlass mit der Frage nach dem Auftrag zu verbinden**: *„Angenommen, wir beide finden bei der Investitionssumme eine Lösung, bekomme ich heute den Auftrag von Ihnen?"* **Warum wird die Frage von dir genau so gestellt?** Du fragst hier ja nicht: *„Angenommen, ich gehe noch einen Euro runter, bekomme ich jetzt den Auftrag?"* Mit deiner Frage holst du dir lediglich vom Kunden die Zusage auf den Auftrag für den Fall, dass man sich preislich einig wird. Das ist ein großer Unterschied.

17.0	**Einkäufer:** *„Lieber Herr Verkäufer, nachdem wir nun alle uns gemachten Angebote miteinander verglichen haben, ist Ihres in die engere Wahl gekommen."*
	Tipp: Wichtig ist, dass du diese Frage nicht mit einem feierlichen Unterton, sondern eher beiläufig stellst. Wenn der Kunde die beiden vorhergehenden Fragen ehrlich bejaht hat, wird er auch diese Frage mit JA beantworten. **Und wenn der Kunde nein in dieser Phase der Preisverhandlung sagt?** Wenn der Kunde die letzte Frage verneint, musst du nicht aufstehen und gehen, du solltest dann deinen **Standpunkt noch einmal verdeutlichen:** *„Herr Einkäufer, ich möchte gern mit Ihnen ins Geschäft kommen, weil ich weiß, dass unser Produkt genau Ihre Anforderungen erfüllt, und ich bin auch bereit, am Preis noch etwas zu tun! Aber ich kann nicht einfach so meinen Preis reduzieren, damit würde ich mich selbst unglaubwürdig machen. In dem Fall verzichte ich lieber auf einen Auftrag!"* Mit dieser Reaktion habe ich in vielen Verhandlungen doch noch die Auftragszusage vom Kunden erhalten.

17.0	Einkäufer: *„Lieber Herr Verkäufer, nachdem wir nun alle uns gemachten Angebote miteinander verglichen haben, ist Ihres in die engere Wahl gekommen."*

03	Wichtig ist, dass du die drei Fragen
	„Herr Einkäufer, entspricht denn - abgesehen von der Investition - das Produkt exakt Ihren Vorstellungen?"
	„Nur um sicher zu gehen: Sind, natürlich mit Ausnahme der Investition, aus Ihrer Sicht auch alle anderen Fragen geklärt, also Zahlungsmodalitäten, Bestellvolumen, Lieferzeitpunkte usw.?"
	„Angenommen, wir beide finden bei der Investitions-summe eine Lösung, bekomme ich heute den Auftrag von Ihnen?" nicht zu früh in der Verhandlung platzierst, also etwa nach dem ersten *„zu teuer"*, sondern erst nach der Nutzenargumentation.
	Der Vorteil dieser Methode in der Preisverhandlung ist, dass du viel eher konkrete Angaben zu den Preisvorstellungen des Kunden bekommst. Denn wenn es das Produkt ist, das der Kunde haben will, wenn abgesehen von der Investition alle Punkte klar sind und für den Fall der Einigung auch der Auftrag an dich vergeben wird – warum sollte der Kunde dir keinen Hinweis zu seinen Vorstellungen geben?

17.0	Einkäufer: *„Lieber Herr Verkäufer, nachdem wir nun alle uns gemachten Angebote miteinander verglichen haben, ist Ihres in die engere Wahl gekommen."*
	Fazit: Wenn du auf diese Art und Weise deine Preisverhandlungen führst, wirst du sehr schnell erkennen, wie deine Chancen tatsächlich stehen. Und wenn deine Chancen schlecht stehen, musst du dich nie wieder preislich ausziehen, ohne je eine Auftragschance gehabt zu haben. Du wirst damit deinen Stolz als Verkäufer behalten. Und das Beste: Mit dieser 3-Fragen-Methode kannst du auch jeden weiteren Einwand des Kunden auf seine Ehrlichkeit hin testen.

Einwand #18: Wir haben die Entscheidung verschoben

18.0	Wir haben die Entscheidung verschoben
01	Sehr gefährlich für deinen Verkaufserfolg ist es, wenn die Entscheidung ohne sachliche Begründung auf unbestimmte Zeit verschoben wird. *„Wir müssen noch einmal darüber nachdenken"* ist eine entsprechende Formulierung. Die oft absichtlich unbestimmte Formulierung gibt dir zunächst wenige Ansatzpunkte, um einzuhaken. Manchmal führt der direkte Weg zum Erfolg: *„Das verstehe ich, wann werden Sie Ihre Entscheidung treffen?"* Auch ein direktes *„Welche Gründe gibt es für Ihr Zögern?"* führt manchmal zum Erfolg. Hier ist allerdings Fingerspitzengefühl gefragt - gibt dir der Kunde das Signal, dass er jetzt ganz einfach nicht will, solltest du das respektieren, um die Tür nicht ganz zuzuschlagen.

18.0	**Wir haben die Entscheidung verschoben**
01	Gut ist es natürlich, wenn es sachliche Argumente gibt, die du ins Feld führst, wie zum Beispiel: „*Denken Sie bitte daran, dass wir im nächsten Monat eine Preisanpassung durchführen werden*" erzeugt vielleicht den notwendigen Entscheidungsdruck. Auch hier gilt: Frag nicht danach, wann du dich wieder *melden kannst*. Sag lieber: „*Okay, Frau Berger, wenn es zwischenzeitlich neue und interessante Veränderungen geben sollte, rufe ich Sie wieder an, um Sie auf dem Laufenden zu halten.*" Das ist eine gute Gelegenheit, alle vier Wochen wieder gezielt anzurufen.
02	Die richtige Frage des Verkäufers lautet: "*Welche Punkte sind noch offen und müssen geklärt werden?*" Nur wenn du fragst, welche Punkte noch geklärt werden müssen, reagierst du auf die Aussagen deines Kunden. Egal was der Kunde sagt, ein Profiverkäufer antwortet darauf: "*Wie kann ich Sie dabei unterstützen?*" Achte bitte hier besonders darauf, eine offene Frage zu stellen und auf eine geschlossene Frage zu verzichten, wie z.B.: "*Kann ich Sie noch irgendwie unterstützen?*"

Einwand #19: Den Preis mit der Gewinnspanne argumentieren

19.0	**Den Preis mit der Gewinnspanne argumentieren**
01	Viele Kunden versuchen immer wieder, einen Preisnachlass auszuhandeln. Sie begründen dies mit der absurden Idee, dass der Preis deswegen so hoch ist, weil die Gewinnspanne des Unternehmens so hoch ist. Dein Stolz auf deinen Preis verlangt, dass du entschlossen und mit Selbstrespekt antwortest, weil du als Unternehmer und Verkäufer einen Anspruch auf Gewinn hast. *„Ja, unser Preis beinhaltet auch eine vernünftige Gewinnspanne. Unser Gewinn ist Ihre Versicherung, dass wir weiterhin in diesem Geschäft aktiv sind und Service und Wartung während der Lebenszeit unserer Produkte garantieren. Wie wichtig ist das für Sie?"*
02	*„Ich glaube, Sie stimmen mir zu, dass es doch keinen Sinn macht, einen Auftrag ohne eine Gewinnspanne zu bekommen. Wie hoch ist Ihr Vertrauen in ein solches Unternehmen, das auf diese Weise Geld verliert?*
03	*„Sie wissen doch besser als ich, dass eine vom Unternehmen gewährte Preissenkung irgendwo kompensiert werden muss. Sollen wir bei der Garantie etwas abzwacken?*

19.0	**Den Preis mit der Gewinnspanne argumentieren**
03	*Sollen wir vom Service etwas abzwacken, gerade wenn Sie ihn mal dringend benötigen?* *Oder sollen wir unseren Lagerbestand reduzieren und somit die Wartezeit für Ersatzteile erhöhen? Ich glaube nicht, dass Sie der Meinung sind, wir sollen einen von diesen Punkten so handhaben. Sehe ich das richtig?"*
04	*„Sie sehen, wenn Sie dieses Produkt kaufen, machen wir einen Profit. Aber wir machen den Profit nur einmal – beim Verkauf. Ihr Profit mit dem Produkt wird permanent sein. Sie benutzen dieses Produkt über mehrere Jahre, und jedes weitere Jahr kommt Ihrem Profit zugute. Was halten Sie von dieser Investition?"*
05	*„Wenn wir den Preis reduzieren, wo sollen wir etwas abschneiden? Sie stimmen mir zu, dass wir irgendwo etwas abschneiden müssen. (Warte auf Antwort.) Von unserem Profit kann es nicht kommen, da wir weiterhin in diesem Geschäft aktiv sein wollen. Es kann von unseren Ausgaben nicht kommen, da dieses Fixkosten sind. Es kann von unseren Kosten nicht kommen, da wir feste Kosten bei unseren Lieferanten haben. Sie sehen, da gibt es keinen Weg, den Preis zu reduzieren."*

19.0	**Den Preis mit der Gewinnspanne argumentieren**
06	*„Unser bescheidener Profit ist weitaus geringer als der addierte Nutzen, den wir anbieten. Wir bieten Ihnen ein Qualitätsprodukt, einen zuverlässigen Service und eine Spitzenleistung in der pünktlichen Lieferung. Seit vielen Jahren haben wir uns den Respekt unserer Kunden verdient, und alle wissen, dass wir zu 100 Prozent hinter unseren Produkten und Dienstleistungen stehen. Wie wichtig ist das für Sie?"*
07	*„Wenn Sie alle unterschiedlichen Modelle und Preise vergleichen, werden Sie feststellen, dass wir mit dem Profit unter anderem unsere Mitarbeiter ausbilden. Diese Mitarbeiter werden mit Ihnen gemeinsam die Installation und die Wartungen durchführen. Es gibt einige wenige Firmen, die zu günstigeren Konditionen verkaufen. Wenn es jedoch zu einem Servicefall kommt, können Sie der Verlierer sein und ich will, dass Sie zu den Gewinnern gehören. Was halten Sie von meinem Vorschlag?"*
08	*„Profit muss sein, Herr Zimmermann. Sie benötigen den Profit, um die Gehälter der Mitarbeiter zu bezahlen, die Aus- und Weiterbildung der Mitarbeiter und die Entwicklung neuer Produkte. Das ist doch in Ihrem Unternehmen auch so.*

19.0	Den Preis mit der Gewinnspanne argumentieren
08	Wenn Sie auf den Profit verzichten, wird die Todesspirale einsetzen, und die endet immer mit der Insolvenz. Wir sind bekannt dafür, dass wir über eine sehr hohe Kundenloyalität verfügen. Wie wichtig ist das für Sie?"
09	„Was tun Sie, Herr Just, wenn Ihre Verkäufer zu Ihnen kommen und sagen: Chef, wir müssen sofort die Preise senken, da kauft wieder einer Marktanteile über den Preis. Herr Just, senken Sie sofort die Preise? Wie verhalten Sie sich da, Herr Just?"

Einwand #20: *„Sie müssen mir schon 20% Rabatt geben, wenn Sie den Auftrag wollen!"*
Bluff oder Wahrheit? Mit dieser ultimativen Frage findest du das sofort heraus.

20.0	Die Bluff-Frage
01	**Interessent**: *„Danke für Ihr Angebot, da Sie der Teuerste sind, müssen Sie sich deutlich bewegen. Deshalb: Was ist Ihr aktueller Preis?"* (Erste Forderung) **Verkäufer**: *„Danke, Herr Interessent, dass Sie die Situation so offen schildern. Das ist jedoch mein äußerstes Angebot. Deshalb: Abgesehen von der Investition – wie können wir uns einigen?"* (Erstes Nein des Verkäufers) **Interessent**: *„Jetzt zählt nur noch der Preis. Was können Sie machen?"* (Zweite Forderung) **Verkäufer**: *„Wir möchten diesen Auftrag unbedingt gewinnen und ihr Partner in diesen Projekt werden/bleiben – einzig am Preis kann ich wirklich nichts machen, wir haben Ihnen unseren bestmöglichen Preis angeboten. Kommen wir auf dieser Basis zusammen?"* (Zweites Nein des Verkäufers) **Interessent**: *„Nein, mir liegen bessere Angebote vor. Wenn Sie sich nicht deutlich bewegen, dann sind Sie raus"* (Dritte Forderung = Wand.

20.0	**Die Bluff-Frage**

| 01 | **Verkäufer**: „Herr Interessent, nachdem Sie bereits unseren besten Preis vorliegen haben, können wir nicht weiter runter gehen. **Lassen SIE die Verhandlung JETZT daran scheitern?"** (Wand des Verkäufers)

 Interessent (sagt die Wahrheit): „Ja, aber nicht ich, sondern Sie lassen es scheitern. Ich habe Alternativen."

 Verkäufer (relativ): „Ja, hm, ... Sie sind uns als Kunde sehr wichtig, deshalb bin ich auch nicht bereit, es jetzt scheitern zu lassen. Ich weiß zwar noch nicht, wie ich das hinkriege.... aber wo müssten wir denn preislich hin? Zu welchem Preis kommen wir denn zusammen?"

 Interessent (relativ): „Wie ich schon sagte, Ihr Wettbewerb ist deutlich günstiger, also müssen Sie sich deutlich bewegen."

 Verkäufer (relativ): „Sie merken ja, ich bin bereit, unter unsere normale Kalkulation zu gehen und Ihnen einen deutlich besseren Preis anzubieten. Helfen Sie mir bitte, wo müssen wir preislich hin?"

 Interessent (absolut): „Also 20% müssen es schon sein." |

20.0	**Die Bluff-Frage**
01	**Verkäufer (absolut):** *„Ich komme Ihnen gerne deutlich entgegen, versprochen, aber 20% kriege ich einfach nicht hin. Bei welchem Rabatt können wir uns einigen?"* **Interessent (absolut):** *„Also 10% müssten es schon sein, wenn Sie mir nicht wenigstens mit 10% entgegenkommen, dann wird es nichts mit dem Auftrag."* **Verkäufer:** *„Danke, dass Sie mir entgegenkommen, das weiß ich sehr zu schätzen. Ich merke ja, wir beide wollen eine Übereinkunft hinbekommen. Und wir sind schon so nah beieinander, nur die 10% kriege ich noch nicht ganz hin. Deshalb meine Frage: Wo ist Ihr letzter Preis, zu dem wir beide uns heute final einigen können?"*
02	**Interessent (der normale Bluffer):** **Verkäufer:** *„Herr Interessent, nachdem Sie bereits unseren besten Preis vorliegen haben, können wir nicht weiter runter gehen.* ***Lassen SIE die Verhandlung JETZT daran scheitern?"*** **Interessent:** *„Nein, ich will es nicht scheitern lassen – aber kommen Sie mir doch irgendwie etwas entgegen."*

20.0	Die Bluff-Frage
02	Jetzt schüttelst du den Kopf und sagst lächelnd *„Nein, da kann ich wirklich nichts machen. Von Flensburg bis Garmisch und von Aachen bis Görlitz bekommen unsere Kunden die gleichen Konditionen und immer mehr Kunden entscheiden sich für eine Partnerschaft mit ..(dein Unternehmen)... Wann starten wir?"* Jetzt reichst du ihm deine Hand zur Zusammenarbeit.
03	**Interessent (der harte Bluffer):** **Verkäufer:** *„Herr Interessent, nachdem Sie bereits unseren besten Preis vorliegen haben, können wir nicht weiter runter gehen.* ***Lassen SIE die Verhandlung JETZT daran scheitern?"*** **Interessent:** Augen gehen kurz zur Seite, kurze Pause. Seine Körpersprache verrät: er blufft! **Interessent:** *„Wissen Sie, inhaltlich ist Ihr Angebot ja nicht schlecht, aber ich habe günstigere Alternativen, also wenn Sie mir kein besseres Angebot machen..."* Du weißt: der tut nichts, der will nur spielen! Spiel mit – nach deinen Regeln! Jetzt drückst du den roten Knopf deines Gesprächspartners (in den meisten Fällen drücken sie bei dir den roten Knopf).

20.0	Die Bluff-Frage

| 03 | Du klappst dein MacBook/Unterlagen zu und sagst:

Verkäufer: *„Das ist wirklich schade, wir haben uns so ins Zeug gelegt, weil wir unbedingt ihr Partner für dieses Projekt werden wollten ... aber es soll wohl nicht sein."*

Du packst deine Sachen ein und stehst auf – doch was passiert? *„Halt, warten Sie – wir werden doch sicher noch eine Lösung finden..."*

Ergebnis: Einen Nicht-Bluffer erkennst du immer daran, dass der Gesprächspartner sofort, ohne Verzögerung – antwortet und Blickkontakt hält. Zudem sind seine verbale und non-verbale Kommunikation deckungsgleich: Er sagt *„Ja"* und nickt dazu. |

Kapitel #32:   Die 10 No-Go's in der Preisverhandlung

32.0	**Auf diese Aussagen solltest du im Preisgespräch wirklich verzichten:**
01	„Womit vergleichen Sie?"
02	„Auf welchen Teil wollen Sie verzichten?"
03	„Sie wissen aber schon, dass unsere Lösung so hochwertig ist, weil..."
04	„Wo müsste ich denn liegen?"
05	„Was haben Sie sich denn preislich vorgestellt?"
06	„Zu welchen Konditionen/Preis bietet denn der Mitbewerb an?"
07	„Wie hoch ist denn Ihr Budget?" Mitarbeiter haben immer ein Budget – qualifizierte Entscheider kreieren das Budget.

32.0	**Auf diese Aussagen solltest du im Preisgespräch wirklich verzichten:**
08	„Wo müsste ich denn liegen, um den Auftrag zu machen?"
09	„Was müsste ich denn heute tun, um den Auftrag zu bekommen?"
10	„Mehr als 10 Prozent kann ich Ihnen heute wirklich nicht geben."

Die Preis-WERT-Waage

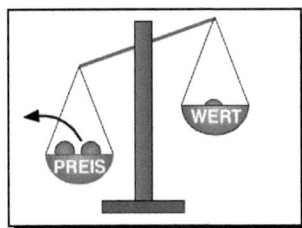

Wiegt für den Kunden der Preis schwerer als der Wert eines Produktes, wird er versuchen, einen geringeren Preis zu erzielen.

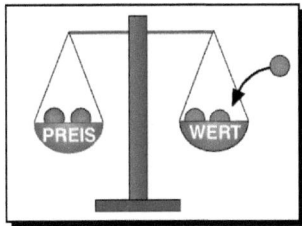

Statt im Preis nachzugeben, erhöhst du den Wert deines Produktes (WERThaltige Nutzenargumentation).

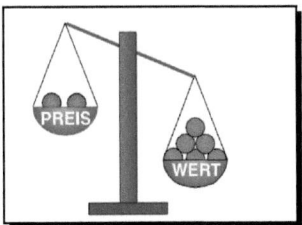

Je deutlicher der Nutzen wird, desto leichter die Preisverhandlung, weil jetzt das Produkt (mehr als) preis-WERT erscheint.

Kapitel #33: Warum hast du den Auftrag verloren? Ehrlich?

- 74% aller Verkäufer erzählen mir immer, dass sie den Auftrag verloren haben, weil ihr Preis zu hoch war.

- 74 % liegen mit der Aussage völlig daneben.

Warum hast du den Auftrag verloren? Wie hast du den Auftrag verloren? War es wirklich der Preis? Oder warst DU es?

Den Auftrag zu verlieren heißt ja für dich, dass du Leistungen erbracht hast, die jetzt nicht honoriert werden. Gespräche mit anderen Lieferanten, anonyme Angebote, unbeantwortete Telefonanrufe, Preistreiber-Politik, Loyalität zu anderen Personen und weitere grundsätzliche Rechtfertigungen werden gerne von den Verkäufern angeführt, warum sie den Auftrag nicht gemacht haben.

Hier kommen die wahren Gründe, warum viele Verkäufer den Auftrag nicht bekommen:

1. **Der Kunde/Interessent war loyal zu einem anderen Verkäufer.** Deine erste Aufgabe besteht darin herauszufinden, warum dein Gesprächspartner loyal ist. Was sind die wahren Gründe, um die bestehende Geschäftsverbindung weiter laufen zu lassen? Frage dich selbst, ob du und dein Unternehmen die gleichen Qualitätsanforderungen vermitteln.

2. **Fehlende Partnerschaft zum oder mit dem Käufer.** Dein zukünftiger Kunde ist auf der Suche nach Sicherheit, Gewinn und Bequemlichkeit. Das sind seine bevorzugten Kaufmotive.

3. **Fehlendes Engagement.** Du bist einfach nicht in der Lage, einen interaktiven und kreativen Dialog zu deinem Gesprächspartner aufzubauen.

4. **Fehlende werthaltige Nutzen-Argumentation.** Findet dein Gesprächspartner keinen werthaltigen NUTZEN, dann ist dein ganzes Gespräch nutzlos.

5. **Fehlende werthaltige Unterschiede.** Findet dein Interessent keine werthaltigen Unterschiede zwischen dir und deinem Konkurrenten, dann ist dein ganzes Gespräch nutzlos.

6. **Fehlende Partnerschaft.** Besteht eine langfristige Partnerschaft, dann sind Ehrlichkeit und Vertrauen die gesunde Basis für einen Kauf.

7. **Fehlende Dringlichkeit.** Dein künftiger Kunde will schnelle Antwortzeiten, um schnell reagieren zu können. Deswegen ist die Antwortzeit ein kritischer Faktor im Verkaufsprozess.

8. **Fehlendes Verkaufswissen.** Das hat fundamentale Auswirkungen auf deine Vorbereitungen und Präsentationen. Es hängt davon ab, mit welchen emotionalen Fragen du arbeitest und welche Strategien und Taktiken du einsetzt, um eine Kaufatmosphäre zu schaffen.

9. **Armselige Einstellung.** So wie du dich präsentierst mit dem WAS du sagst und WIE du es sagst, hinterlässt du einen entsprechenden Eindruck bei deinem Gesprächspartner. Und dieser Eindruck ist entweder positive, neutral oder negativ. Und es liegt ausschließlich an DIR, welches Gefühl sich bei ihnen festigt.

10. **Fehlende Möglichkeit, das Risiko zu minimieren oder auszuschalten.** Das ist ein ganz wichtiger Faktor für deine verlorenen Aufträge. Und darüber wird am wenigsten gesprochen. Die einfache Antwort ist: BEWEISEN! Kannst du deine Aussagen belegen?

11. **Du gibst nicht das BESTE.** Ohne Zweifel ist dies der wichtigste Punkt, bei dem die Verkäufer straucheln. Egal ob es die Einstellung ist, dein Glaube, dein Selbstvertrauen, deine Vorbereitung, deine Nachverfolgung, deine Ehrlichkeit und dein Engagement – nur wenn du dein BESTES gibst, wirst du gegenüber deiner Konkurrenz die Nase vorn haben.

REALITÄT: Noch nie habe ich von einem Verkäufer gehört, dass dies die Gründe sind, warum er den Auftrag verloren hat. Ist ja auch einfacher, alles auf den Preis zu schieben.

„Sie haben sich für den billigsten Anbieter entschieden", ist die häufigste Aussage bei verloren gegangenen Aufträgen. Und das ist ein großer Schwindel. Es ist so einfach, den Preis als Ursache anzugeben. Es ist härter, sich mit dem wahren *„Warum"* zu beschäftigen.

Was noch hinzukommt ist ja die Tatsache, dass du diese Einstellung stillschweigend akzeptierst und zum nächsten Interessenten gehst.

REALITÄT: Die Aussage „*Sie haben sich für den billigsten Anbieter entschieden*" ist genau so bescheuert wie „*Unser Hund hat meine Hausaufgaben gefressen!*" Was mich dabei entsetzt: du überlässt deinem Gesprächspartner die Kontrolle über den gesamten Kauf/Verkauf. Ganz schlecht mein Freund!

STRATEGIE: Bring doch deinen Kunden/Interessenten dazu, dass er die einzelnen Kriterien zu deinen Gunsten in der Ausschreibung verändert. Steht der Name deines Produktes oder deines Unternehmens in der Ausschreibung, dann hast du doch schon gewonnen.

Tritt als IDEENLIEFERANT für deine Kunden und Interessenten auf. Der Preis bezieht sich doch nur auf das einzelne Produkt – was ist mit der gesamten Investition über einen gewissen Zeitrahmen? Wie sieht der Return of Investment aus? Was spart er, was gewinnt er und wie profitiert er über den angepeilten Zeitrahmen? Das gelingt dir nur, wenn du den WERThaltigen Nutzen transferierst.

Die SCHULD? Im Verkauf übernehme ich die Verantwortung. Ich überlasse dieses Thema nicht meinem Gesprächspartner. Ich bin verantwortlich für das was ich sage und tue. Ich schiebe die Schuld nie auf meinen Kunden/Interessenten. Ich unterstütze meinen Kunden dabei, die beste Entscheidung zu treffen. Schau in den Spiegel und du siehst den Verantwortlichen.

FRAGE DICH SELBST: *„Warum habe ich den Auftrag tatsächlich verloren? Was hätte ich tun können, um den Auftrag zu bekommen?"*

DER WEG DES GERINGSTEN WIDERSTANDES: Das Preisargument ist für den Verkäufer der einfachste Weg, um von seinen Leistungen abzulenken. Deine Kunden entscheiden sich für den niedrigeren Preis, weil sie zwischen deinem Produkt und dem deiner Konkurrenz keinen Unterschied erkennen. Ganz schlechte Ausgangsbasis.

Verlierst du auf diese Art immer mehr Aufträge, so solltest du dich fragen, was du dagegen tun kannst. WARUM entscheiden sie sich für den niedrigeren Preis? WIE entwickelst du mehr werthaltigen Nutzen für Sie? Das ist einfach gesagt und verlangt doch eine Veränderung in deiner gesamten Argumentation. Das ist die große Herausforderung, vor der du stehst.

Kapitel #34: Werner F. Hahn

Werner F. Hahn ist Verkaufstrainer, Coach und Fachbuchautor. Ein Mann aus der Praxis mit vielen Jahren Berufserfahrung, der zum exklusiven Kreis der wenigen Trainer gehört, die das Verkaufen von der Pike auf im B2B bei der Nixdorf Computer AG erlernt hat.

Hahn gibt Verkaufsseminare, 5-Std.-Powertrainings, bringt frischen Wind in Vertriebsmeetings, ist ein sympathisch motivierender Gastredner, coacht mit Training on the job, ist elffacher Buchautor und gibt monatlich gratis

- das E-Mail-Magazin *"sales vitamins frische Vitamine für besseres Verkaufen"* an über 5.140 Verkäufer heraus und
- den Podcast *to go* – Lernen auf der Fahrt zu Interessenten und Kunden uns sich schnell inspirierende und motivierende Informationen jederzeit und überall abholen.

Seine Seminare und Trainings haben bisher über zehntausend Teilnehmer erfolgreich absolviert und einige tausend Verkäufer wurden direkt am Arbeitsplatz gecoacht.

Das Ergebnis:
- sofortige Erfolge im Auftragseingang, Umsatz und Ertrag
- wecken von neuen Energien,
- Stärkung der Motivation und
- das gesamte Vertriebsteam hat Spaß daran, im Verkauf tätig zu sein.

Ob das Verkaufstalent in die Wiege gelegt wird? Sicher ist: Hahn hat "Verkaufen" von der Pike auf gelernt. In allen Stufen des Vertriebs - vom Vertriebs-Assistent bis zum Geschäftsführer.

Seit 1989 bietet er sein Wissen und seine Erfahrung als selbstständiger Verkaufstrainer und Fachbuchautor an. Seine Kunden bilanzieren: *Mit Werner F. Hahn haben wir einen Trumpf gezogen: für mehr Aufträge, steigende Umsätze und höheren Verdienst.* Heute zählt Hahn zu den effizientesten Dienstleistern der Branche.

Seine Methoden:

Hahn bildet aus: vom AZUBI bis zum Profi-Verkäufer. Seine Schwerpunkte sind: Neue Kunden gewinnen, Akquisition, Vorteil-/Nutzenargumentation, Einwandbehandlung, Fragetechnik, Preisgespräche und Preisverhandlung, Abschlusstechniken, Verhandlungstechnik, Sprache im Verkauf, Stärkung im Wettbewerb, Key-Account-Verkauf, Kommunikations- und Telefontraining, Verkaufen am Telefon, Preisverhandlungen.

Hahn trainiert Verkäufer in authentischen Situationen, auch direkt beim Kunden. Diesen Schwerpunkt seiner Methode dokumentieren zehntausende Kaltakquisitionen per Telefon und tausende gemeinsame Kundenbesuche mit und ohne Termin. Hahn legt den Finger in offene Wunden und zeigt, wie es besser und erfolgreicher gemacht wird. Daraus resultieren Sofort-Erfolge, die bei den Teilnehmern neue Energien wecken, ihre Motivation stärken und wieder richtig Spaß daran vermitteln, Verkäufer zu sein.

Seine Referenzen:

Bisher haben mehr als 14.000 Teilnehmer seiner unternehmensinternen und öffentlichen Trainings und Workshops ihre Motivation und ihre Umsätze messbar gesteigert. Über 1.823 Verkäufer hat er persönlich gecoacht - direkt am Arbeitsplatz im Unternehmen oder vor Ort beim Kunden mit seinem bewährten Training on the job. Verkäufer...

- aus allen mögliche Branchen,
- in Kleinbetrieben ebenso wie in Top 50 Unternehmen und DAX-Konzernen,
- von Dienstleistungen, Gebrauchs-, Konsum- und Investitionsgüter und
- bei Investitionsvolumen von mehr als 10 Mio. Euro ebenso wie von Produkten um € 5.- das Stück.

Mit seinen Verkaufstrainings:

- steigert er Auftragseingang, Umsatz und Ertrag um 10% und mehr Prozent;
- reduziert er die Anzahl der verloren gegangenen Aufträge und sichert so zusätzlichen Umsatz;
- qualifiziert er Ihre Mitarbeiter direkt am Arbeitsplatz im Tagesgeschäft und motiviert sie zu Höchstleistungen;
- gibt er klare Handlungsanweisungen und vermeidet das übliche Marketinggeschwafel;
- lernen Ihre Mitarbeiter praxisidentische Tipps, die sie sofort nach dem Hören im nächsten Kundengespräch aktiv einsetzen und Mehrumsätze erzielen.

Ergebnis:

Sie erreichen damit Sofort-Erfolge, die bei ihren Verkäufern neue Energien wecken, ihre Motivation stärken und wieder richtig Spaß daran vermitteln, Verkäufer zu sein.

Sein Tipp: Entscheiden Sie sich bewusst für einen Trainer, der ein Praxistraining für Verkauf und Akquise anbietet – mit entsprechend hohem Grad an Interaktion, an Übungen und Vertiefungsfällen aus der Praxis der Teilnehmer.

Wenn Sie für Ihre Ziele einen Profi brauchen, der es schafft, in freier Rede Bilder zu erzeugen und Geschichten zu erzählen, die bei den Teilnehmern hängen bleiben, dann fragen Sie jetzt die Verfügbarkeit von Werner F. Hahn an.

- Einer der meistgelesenen Blog (> 600 Artikel) im Internet über **VERKAUFEN:** www.wernerhahn.de/sales-vitamins

- Seine Bücher finden Sie im Internet u.a. bei Amazon und weiteren 2.500 Online-shops weltweit und in seinem Shop unter:
- www.wernersshop.de

- Seine Trainingsthemen und Termine finden Sie hier: www.wernersshop.de

Telefon: 0171 – 650 56 90
Internet: www.wernerhahn.de
Blog Verkaufen: www.wernerhahn.de/sales-vitamins
E-Mail: salesman@wernerhahn.de
Facebook: https://www.facebook.com/VerkaufstrainingWFHahn/
YouTube: http://youtu.be/c9sh1bMFph0
XING: https://www.xing.com/profile/WernerF_Hahn
Twitter: https://twitter.com/WernerFHahn
Google+: https://plus.google.com/u/0/+VerkaufstrainerWernerFHahn/posts
LinkedIn: http://de.linkedin.com/pub/werner-f-hahn

Die zwei Grundprinzipien für erfolgreiches Verkaufen:

Glaubwürdigkeit und Vertrauen

Kapitel #35: Sales vitamins - frische Vitamine für besseres Verkaufen

sales vitamins wird -gratis- wöchentlich versendet und in jeder Ausgabe gibt es nützliche Tipps, hilfreiche Techniken und praktische Wort-für-Wort-Gesprächsleitfäden, die deinen Verkaufserfolg garantiert steigern:

Vertriebspraxis pur – ohne Marketinggeschwafel.

Viele Inhalte, die ich in diesem *sales vitamins* veröffentliche, wirst du nirgendwo anders finden. Gegenüber denjenigen, die diese WERThaltigen Informationen nicht bekommen, hast du einen enormen strategischen Wissensvorsprung, den du für dein Tagesgeschäft positiv nutzen solltest.

Mein Versprechen: Ich werde dir nur *sales vitamins* schicken und keine anderen E-Mails. Du wirst von mir keinen SPAM erhalten und deine E-Mail-Adresse wird von mir niemals weitergegeben, das garantiere ich dir.

Kapitel #36: Podcast to go

Hol dir auf der Fahrt zu deinen Kunden und Interessenten die nötige Dosis von Motivation und Inspiration mit den Themen rund ums Verkaufen. Auch in meinen Podcasts bekommst du perfekte Sätze, Wort-für-Wort-Gesprächsleitfäden, die das Herz deines Gesprächspartners erreichen. Du kennst ja mein Mantra:

Verbindlich Verkaufen mit guten Gefühlen.

Die Podcast findest du hier unter www.wernerhahn.de oder du gehst in den iTunes Store und gibst als Suchbegriff „*Verkaufstrainings*" ein und dann geht es sofort los.

Fazit:

Erst kommt der Mensch,
dann das Produkt!

Kapitel #37: Folgende 14 Fachbücher hat Werner F. Hahn veröffentlicht

1. 111 Verkäuferfragen & 111 professionelle Antworten
2. 88 typische Verkäuferfehler
3. Mach den Abschluss
4. Kaltakquisition ist tot? Hurra! Es lebe die Kaltakquise!
5. Mehr Termine. Mehr Aufträge. Einfach und entspannt am Telefon mehr verkaufen.
6. 222 Fragen – Fragen, die Topp-20%-Verkäufer erfolgreich einsetzen
7. Vorwand? Einwand? Kaufsignal!
8. Vorteil? Nutzen! Warum der WERThaltige Nutzen so kaufentscheidend ist
9. Wie Rabatte dein Geschäft ruinieren
10. Neue Kunden gewinnen und den Umsatz steigern in der Welt des VERKAUFEN 4.0
11. Gestern: Vertriebsprofi - Morgen: Führungskraft im Vertrieb
12. Perfekte Formulierungen für deinen Vertriebserfolg
13. 12 Schritte zum Vertriebserfolg
14. Kennst du deinen SALES-IQ?

Bücher mit einer persönlichen Widmung bitte direkt hier im Shop bestellen: www.wernersshop.de

Oder direkt bestellen bei Amazon: http://amzn.to/2abWqgE

Kapitel #38: Spezielle offene Trainingsangebote

- 1-Tages-Intesiv-Training: Mehr qualifizierte Termine. Mehr profitable Aufträge. Neue Kunden gewinnen.

- 1-Tages-Intensiv-Training: Profite statt Rabatte – Mit der neuen MEHRWERT-Strategie.

- SALES-BOOSTER AKQUISE: Verkaufstraining *plus* Training on the job. Mit Life-Gesprächen mit Kunden und Interessenten!

- Vom AZUBI zum zertifizierten Junior-Verkäufer

Trainingsorte und Termine sowie weitere Trainingsthemen gibt es hier im Shop unter: www.wernersshop.de

Kapitel #39: Danke!

Im Regelfall bedankt sich der Autor bei seinem Schwippschwager, seiner Schwiegermutter, seiner Braut und allen anderen Personen, die ihm besonders nahe stehen und/oder standen.

Ich bedanke mich heute bei dir als mein Kunde – du trägst dazu bei, dass sich mein Bankguthaben vergrößern wird.

Die gute Nachricht: setzt du diese perfekten Formulierungen aus diesem Buch konsequent um, dann wird das auch bei dir zu einer prall gefüllten Geldbörse führen.

Und wenn zwei Geldbörsen prall gefüllt sind, ist das für uns beide eine win-win-Situation!

Danke, dass du mein Kunde bist.

Werner F. Hahn

Kapitel #40: Literatur- und Quellenverzeichnis

Carnegie, Dale:	Der Erfolg ist in dir
Cialdini, Robert	Die Psychologie des Überzeugens
Detroy/Scheelen:	Jeder Kunde hat seinen Preis
Feldmann, Heinz	Preisverhandlungen leicht gemacht
Goldmann, Heinz M.:	Wie man Kunden gewinnt
Goleman, Daniel:	Emotionale Intelligenz
Groth, Alexander	Führungsstark in alle Richtungen
Hahn, Werner:	111 Verkäuferfragen & 111 professionelle Antworten
Hahn, Werner:	88 typische Verkäuferfehler
Hahn, Werner:	Mach den Abschluss
Hahn, Werner:	Kaltakquisition? Hurra! Es lebe die Kaltakquise
Hahn, Werner:	Mehr Termine. Mehr Aufträge.
Hahn, Werner:	Wie Rabatte dein Geschäft ruinieren
Hahn, Werner:	222 Fragen
Hahn, Werner:	Vorwand? Einwand? Kaufsignal!
Hahn, Werner:	Neue Kunden gewinnen und den Umsatz steigern
Hahn, Werner:	Vorteil? Nutzen!
Heller, Robert:	Erfolgreich Verkaufen
Kmenta, Roman	Nicht um jeden Preis
Pink, Daniel	MEHR WERT – Die Kunst gefragt zu sein
Schäfer	Vertrauen im Verkauf
Simon, Hermann	Preisheiten
Taxis, Tim	Preisverhandlung

Kapitel #41: Haftungsausschluss

Der Autor übernimmt keinerlei Gewähr für die Aktualität, Richtigkeit und Vollständigkeit der bereitgestellten Informationen in diesem Buch. Haftungsansprüche gegen den Autor, welche sich auf Schäden materieller oder ideeller Art beziehen, die durch die Nutzung oder Nichtnutzung der dargebotenen Informationen bzw. durch die Nutzung fehlerhafter und unvollständiger Informationen verursacht werden, sind grundsätzlich ausgeschlossen, sofern seitens des Autors kein nachweislich vorsätzliches oder grob fahrlässiges Verschulden vorliegt.

Meine Angebote sind freibleibend und unverbindlich. Als Autor behalte ich mir es vor, Teile der Seiten oder das gesamte Angebot ohne gesonderte Ankündigung zu verändern, zu ergänzen, zu löschen oder die Veröffentlichung zeitweise oder endgültig einzustellen.